作者简介

··

　　张懿　1973年生，河北省阜城县人。现任北京经济管理职业学院（北京经理学院）党委副书记，副教授。本科、硕士、博士分别毕业于北京服装学院纤维材料工程系、北京大学政府管理学院、北京大学教育学院。十余年来致力于幸福哲学研究、幸福教育和学生幸福提升实验，在理论和实践上均有一定建树。

北京经济管理职业学院资助出版

张懿◎著

大学生主观幸福感实证研究

人民日报学术文库

人民日报出版社·北京

图书在版编目（CIP）数据

大学生主观幸福感实证研究／张懿著. —北京：
人民日报出版社，2019.7
ISBN 978 - 7 - 5115 - 6094 - 0

Ⅰ.①大… Ⅱ.①张… Ⅲ.①大学生—幸福—研究
Ⅳ.①G444

中国版本图书馆 CIP 数据核字（2019）第 124269 号

书　　名：大学生主观幸福感实证研究
　　　　　DAXUESHENG ZHUGUAN XINGFUGAN SHIZHENG YANJIU
作　　者：张　懿

出 版 人：董　伟
责任编辑：程文静　吴立平
封面设计：中联学林

出版发行　人民日报出版社

社　　址：北京金台西路 2 号
邮政编码：100733
发行热线：（010）65369509　65369846　65363528　65369512
邮购热线：（010）65369530　65363527
编辑热线：（010）65363530
网　　址：www. peopledailypress. com
经　　销：新华书店
印　　刷：三河市华东印刷有限公司

开　　本：710mm×1000mm　1/16
字　　数：170 千字
印　　张：15
印　　次：2020 年 1 月第 1 版　　2020 年 1 月第 1 次印刷

书　　号：ISBN 978 - 7 - 5115 - 6094 - 0
定　　价：85.00 元

自　序

　　幸福是人类永恒的追求，追求幸福是人类的本质属性。正因为有幸福这个目标在远处吸引着，人类才可以克服重重困难一路向前。

　　不幸也来自对幸福的追求。当需要得不到满足的时候，当为人处世得不到认可的时候，当人生目标得不到实现的时候，人难免会痛苦；但是，即使以上三种情况得到实现，人有时也会痛苦。这是因为：人不是静止的、孤立的，而是运动的、群居的。幸福的标准也并非单一的，而是全面的、多层次的，人生的状态可能满足其中一个或多个，但很难满足全部标准。

　　以个体为例，至少有从近到远三个层次的幸福追求同时集中在一个人的身上：此时的、一生的、终极的；至少还有从小到大三个层次的幸福追求同时集中在一个人的身上：个人的、集体的、人类的。幸福的人能让这几者统一起来，形成统一的"幸福场"。当然，有人马上会反驳：这怎么可能做到？这几者有时是互相矛盾的。的确，幸福具有不确定性，个人的幸福并非完全能够由自己决定。但是，历史上确实有哲学家去世前向世界宣布，"我的一生很幸福"。

　　形成统一的"幸福场"，是个人实现幸福的前提。

　　做好幸福研究，要完成三点自我超越：一要站在全人类的制高点上去探讨；二要坚守人间正道去寻找；三要超越个人的生死去思考。关于"超越生死"这一点，是我在导师李文利先生不幸英年早逝后悟到的。

　　为社会建立统一的"幸福场"，是教育的责任！正是出于这种责任，我决定把自己的研究成果出版。希望能够为探索幸福做一点贡献。

前言　幸福的教育与教育的幸福

幸福是人生的终极目标，我们所做的一切事情都是在追求幸福，教育也不例外。但在学术史上，哲学对于幸福的讨论比较多，教育学尤其是高等教育学对幸福的关注不够。

一、幸福是人生的最高追求

幸福在人生中，不是作为一件具体的事物存在的，它是人们追求的最终目的。作为个体，人生活在世上，每时每刻都存在着目的性。目的有直接的和间接的，还有深层的、最终的。人们追求金钱，但金钱不是最终目的；人们追求事业，但事业成功也不是最终目的；有的人认为财富是幸福，有的人认为长寿是幸福，有的人认为平安是幸福，有的人认为荣誉是幸福……但它们都不是人生的最终目的，只是实现最终目的的手段和工具。幸福与它们不同，它不是工具，不是手段，是无法被别的任何东西所取代的，它是人生活的最终目的，是人生存的最高意义。

幸福不是一成不变的，它受生存环境、生存状态、情绪心境等多方面因素的影响。一个人提薪，会得到短暂的满足，但长时间薪金增幅不及同事，心情便觉不快；同样一笔收入，对于工薪阶层和百万富翁而言幸福感也是不同的。一般而论，幸福永远是下一个台阶，刚爬上去时会得到满足，但长时间停留在此，幸福感会随时间而消失，以至于形成这样一个规律：幸福来到之时就要离我们而去。

可见，幸福具有流动性和相对性，不能一生占有。但所有人都希望自己的一生能在幸福中度过，并为此奋斗不息。正因如此，追求幸福成了人生的最高目的。

二、幸福是教育的主要目的

教育以幸福为目的既是一种实然事实的存在，也是一种应然价值的追求。毛泽东早在1934年就指出："苏维埃文化教育的总方针……在于使广大中国民众都成为享受文明幸福的人。"① 诺丁斯（Nel Noddings）认为："最好的家与学校是幸福的地方。在这些地方的成年人，知道教育以及生活本身的一个目的是幸福，也知道幸福既是手段，也是目的，幸福的孩子——在他们对幸福是什么的理解中长大的孩子——能够快乐地抓住教育的机会、能够对他人的幸福给予帮助。"② 要说明这一点，我们需要对教育的本质作一简单论述。

"教育即是学习，无论在什么地方、什么时间、什么年龄发生的学习"③ 都是教育，这种广义的教育除了传授知识、发展学术以外，很重要的一点是使被教育者掌握生活的能力。掌握生活能力的目的就是为了能够创造幸福的生活，享受幸福的生活。

任何人都需要教育。教育的功用主要有两点：第一是向下一代

---

① 毛泽东. 毛泽东同志论教育工作［M］. 北京：人民教育出版社，1992：8.
② ［美］内尔·诺丁斯. 幸福与教育［M］. 北京：教育科学出版社，2009：255.
③ ［美］菲利普·库姆斯. 世界教育危机［M］. 北京：人民教育出版社，2004：19.

传授知识和经验；第二是向下一代提出发展要求。人类在征服自然过程中已经形成的生产劳动和社会生活的知识和经验，如生存能力、道德规范、风俗习惯，是下一代获得幸福的基本条件；而上一代关于发展的理想和要求，则为下一代指明了更长远的幸福方向。在这个意义上讲，幸福不是生来就有的，只有通过教育，人类才有可能获得更大的幸福。

三、大学生的幸福感需要受到重视

高等教育是学校教育的最后阶段，也是正规教育的最高阶段。从教育经济学的视角看，在青年群体中，大学生占用的教育资源比例较大，自然而然地对社会发展的责任和义务也应较大。而且，随着社会的进步和发展，大学也逐渐走出了象牙塔，成为社会的中心，大学生已成为目前社会上广受关注的青年群体。

大学生是未来社会的中流砥柱，是国家和民族的希望。我们一方面希望他们能一生都生活在幸福之中，同时也希望他们能为社会、为下一代创造更多的幸福。因此，他们此时的幸福感如何，很值得我们关注。尤其在生活环境日新月异，文化交锋和碰撞不断增多的今天，大学生的思想观念、思维方式、心理状态也在发生着冲突和激荡，大学生的幸福感也必随之发生变化。研究表明，当代大学生出现一种"厌学"现象，时常产生厌倦、焦虑、苦闷等负面情绪。专家指出：这些现象的产生显示出部分大学生不懂得如何去理解幸福、感受幸福和创造幸福。这个问题的出现同时显示出大学生幸福教育的缺失。

四、幸福的教育和教育的幸福

所谓幸福的教育就是指使大学生学会认知幸福、追求幸福、体验幸福和创造幸福。通俗地说，就是教师"教幸福"，学生"学幸福"。目前，我国各大学的培养目标基本还定位在掌握知识技能、促进学生就业上，很少有针对学生如何体验幸福、追求幸福开展教育。因此大学教育目标的功利化特点势必造成学生幸福观的功利化倾向。这就需要我们建立以幸福为目标和内容的教育，使学生了解社会发展的规律，增强生活满意度；帮助大学生正确认识自我，建立自爱、自尊、自信、自强的自我意识，拥有积极乐观的人生态度。

所谓教育的幸福就是指在教育过程中教学双方体验到的幸福，通俗地说，就是教师"幸福地教"，学生"幸福地学"。在这方面，教师要"以身作则"。因为幸福是可以传递的，它在教育过程中伴随着知识和能力从教师一端转移到学生身上，变成学生的一种内在素质。教师幸福感的增加会使其积极动力增加、消极压力减少，从而增强教育的效果；学生的幸福感亦然。

生活中的每一件事情都会让我们产生压力，教育和学习也不例外；生活中的每一件事都会让我们产生幸福和快乐，教育和学习同样也不例外。幸福是一个大熔炉，可以把师生的情感迅速融合在一起而达到"出神入化"的境界。史料上记载，梁启超先生讲到激动时，"便手舞足蹈，时而掩面，时而顿足，时而狂笑，时而叹息"，学生的情绪也随之不断变化……教师讲得快乐，学生听得满足，这就是教育的幸福。

目 录
CONTENTS

导论　幸福的新范式——主观幸福感

一、主观幸福感研究的理论基础

主观幸福感继承了功利主义幸福观的思想，以个人趋乐避苦的自然本性为理论基础。这势必又会引发两个争执：快乐一定是幸福吗？假设快乐等于幸福，那个人的幸福与他人的幸福又是什么关系？而研究表明：快乐的不一定幸福，痛苦的不一定不幸福。正如日本心理学家宫城音弥所指出的："吸毒所体验的是快感，绝对不是幸福；分娩的痛苦也不能使作母亲的幸福感化为乌有。"① 个人的幸福不等于他人的幸福，如果在个人追求幸福的同时，忽略他人的幸福，这种幸福也是不能长久的。之所以以上结论与功利主义幸福观并不完全一致，主要原因是功利主义并不能解释幸福的全部。未来的研究应该扩大其理论基础，这样才可能与真正的幸福更加接近。

主观幸福感研究诞生于 20 世纪 50 年代的美国，与传统的功利主义哲学观比较接近，以快乐为人生追求，即"每个人总是追求他认为的自己的幸福，而人的幸福主要集中在个体经历的情绪、心理

---

① ［日］宫城音弥. 情感与理智 ［M］. 西安：陕西人民出版社，1988：6.

和身体的快乐和痛苦上"①。主观幸福感研究与以往的幸福研究主要有两点不同。第一，引入心理学概念，把幸福看作是一种很强的主观体验。主观幸福感既是一个人对自我的生活状态、周围环境和相关事件的认知和评价，也是对以上方面情绪体验上的认同。第二，对幸福进行实证研究。此前关于幸福的研究，都还只是建立在理性基础上的推测和分析，更多的是一种思辨活动；而主观幸福感研究与其不同，自诞生伊始，便引入社会学和心理学研究工具，打下了实证主义的深深烙印。

二、主观幸福感研究的两个视角

（一）社会心理学视角

20世纪以来，尤其是第二次世界大战以后，随着科学技术的进步，人们获得了前所未有的物质享受；然而，随之而来的一系列社会问题却导致了人们精神和心灵的空虚。从20世纪中后期开始，生活质量的研究开始同社会指标运动结合在一起，一些社会学和心理学者在尝试建构生活质量的主观指标体系过程中，发展了生活质量对于主观幸福感的意义，提出了"生活满意度"的概念。这个概念强调无形的精神生活水平对人的生存与社会发展的意义②。

生活满意度作为主观幸福感的关键指标，是指个人在总体上对自己生活做出满意判断的程度。狄纳（Diener）对生活满意度做了细分，认为生活满意度包括总体生活满意感和具体领域满意感。同时，狄纳研究还发现，不同的个体对不同领域感受的重要性权重是不同的，快乐的个体更可能给生活中最好的领域以最大的权重，而

---

① 任俊. 积极心理学 [M]. 上海：上海教育出版社，2006：100 - 101.
② 邢占军. 主观幸福感测量研究综述 [J]. 心理科学，2002 (3)：337.

不快乐的个体可能会给最坏的生活领域以最大的权重。不同年龄段个体由于关注点不同，对不同领域的权重也是有很大差别的①。

（二）积极心理学视角

积极心理学研究的渊源，最早可以追溯到 20 世纪特曼（Terman）关于天才的研究，以及荣格关于生活意义的研究②。20 世纪五六十年代，马斯洛、罗杰斯等人本主义心理学家开始研究人性中积极的一面，对积极心理学的诞生产生了积极的影响。20 世纪末，美国前心理协会主席塞利格曼（Seligman）指出：积极心理学是致力于研究普通人的活力和美德的科学，研究积极心理学的目的，是帮助人们过更快乐、更积极健康的生活。

积极心理学的介入扩展了主观幸福感研究的范畴。例如，作为积极心理学的倡导者之一，狄纳首当其冲地转变了其主观幸福感的研究重点，更加注重人们积极心理状态——主观幸福感水平的差异研究。狄纳主要从心理健康方面研究主观幸福感。他认为：心理健康有三个重要标志：其一是主观性，指个人的主观体验，客观条件只作为影响主观体验的潜在因素；其二是积极方面，指心理健康并非只与消极因素少有关，更与积极因素多有关；其三是多维性，指心理健康应包括个人生活的各个层面③。

① Ed Diener. subjective well – being：The Science of Happiness and a Proposal for a National Index ［J］. American Psychologist, 2000 (55)：34 – 43.

② Martin Seligman, Mihaly Csikszentmihalyi. Positive Psychology：An Introduction ［J］. American Psychologist, 2000, (1)：5 – 14.

③ Diener E. Subjective Well – Being ［J］. Psychological Bulletin, 1984, 95 (3)：542 – 575.

三、主观幸福感研究的三个发展阶段

（一）社会学研究阶段

这一阶段明显地嫁接了社会学研究的方法，有两个主要特点：第一，注重描述；第二，侧重于社会学变量的研究。如1967年威尔逊（Wilson）做了第一个关于主观幸福感的回顾，提出了"具有幸福感的人应该是和有自尊的人结婚，年轻、健康、教育良好、收入高、外向、乐观、不烦恼、有宗教信仰、有职业道德、热情适度、性生活满意和多才多艺。"① 显然，在本质上这个描述性结论并没有超出传统功利主义哲学家对幸福的界定。另外，这个阶段特别重视对影响幸福感的家庭背景、教育程度、收入等社会学因素进行研究。这种观点实质上把主观幸福感看作是主体被动地接受外界刺激而做出的反应。而心理学研究表明"大多数情况下的客观生活状况只能影响主观幸福感所有变量的5%，就是把许多生活领域中的各种客观生活状况相加也不过只10%左右。"② 因此，这一阶段的研究结论有许多很快就被推翻。于是，狄纳提出了要将研究重点转向内部因素，构建并检验主观幸福感的理论，以便超越原有的社会学研究状态。

（二）理论借鉴阶段

1. 社会心理学意义上的主观幸福感理论——比较理论。传统的社会心理学研究主要有两种取向：心理学的社会心理学、社会学的社会心理学，但目前二者已经取得了综合。社会心理学方面关于主

---

① Wanner Wilson. Correlates of avowed happiness ［J］. Psychological Bulletin, 1967 (67)：294.

② Schwarz N, Strack F. Evaluating Ones Life: A Judgment Model of Subjective Well – Being ［A］. Strack F, Argyle M, Schwarz (Eds.). Subjective Well – Being ［C］. Pergamon Press Plc, 1991：27.

观幸福感的研究主要是把社会心理、社会文化、个人目标等整合成多种生活满意度标准，然后进行比较（主要包括目标、他人、过去），测出主观幸福感的水平。

对目标的比较实质上就是目标的实现程度。埃蒙斯（Emmons）研究发现，当人们实现预定的目标时，会产生积极的情绪体验，如果发生了目标冲突，则会产生消极的情绪体验，如果实现了重要目标则会得到更大的生活满意度。狄纳后来研究发现，人们的主观幸福感取决于目标和价值取向。例如，对于将价值定位于学习成绩上的学生，取得好的成绩就会增加其主观幸福感；将价值定位于生活舒适的人，家庭和睦便会提高其生活满意度。

2. 积极心理学意义上的主观幸福感理论——人格特质理论。人格特质理论认为：由于遗传等因素影响，人们具有快乐或不快乐的基因素质，这种基因素质使人们具有以积极或消极的方式体验生活的倾向。幸福感正是由这些因素共同作用而产生的个体对自身存在与发展状况的一种积极心理体验。从形式方面讲，幸福感是一种基于主体自觉或不自觉的自我反省而获得的某种切实的、比较稳定的正向心理感受。从结果上看，幸福感体验表现出较多的情感的特征，但从过程看，这种体验更多地依据意识的或无意识的认知判断。从内容上讲，幸福感是人们所体验到的一种积极的（或非常满意的）存在状态。

（三）理论综合阶段。这一阶段的研究整合了主观幸福感研究的各种理论和测评方法，主要包括四个要素：纵向的研究设计、测量的基本步骤、实验性操作和复杂的测量。例如，埃蒙斯的实验研究不仅运用了以上四个要素，同时也提供了一个提高主观幸福感的方法：他把被试者分为两组，要求试验组每天都要想最令人高兴的事情，比较之后，他发现实验组的主观幸福感增强了。

　　这一阶段的研究呈现出以下几个特点：第一，测量方法更加丰富也更加深入，研究的效度和信度大为提高。第二，测量方法趋于综合，多种方法、多种量表同时使用，既可测量总体的主观幸福感，也可以分开测量主观幸福感的不同方面。第三，实验的普遍运用，使测量更为科学。第四，开始了探讨如何提高人们幸福感的研究。

第一章

幸福研究的回顾和研究问题的提出

　　幸福是人类永恒的追求，幸福研究是人类有史以来高度关注并绵延至今的课题。如果我们把从古到今有关幸福的书籍全部搜集起来，那么绝对可以办一个小型的"幸福图书馆"①。幸福同时也是一个仁者见仁、智者见智的概念，博学鸿儒可以著书立说阐述自己的幸福观，耕牧渔樵也可以在茶余饭后进行关于幸福的闲谈和辩论。不同的人对幸福有不同的理解，根据傅立叶的说法，单是罗马尼禄时代就有278种关于幸福的相互矛盾的定义②。德国哲学家狄慈根对于幸福的复杂性做了精辟的论述："现实的幸福是形形色色的，真实的幸福只是主观的选择，在某甲认为是真实的幸福，在某乙看来可能是非真实的……在各种不同的人中，不同的时代中，实际上存在着许多极其相反的，但是都被认为是致福的事物。在这里幸福的东西，在那里却是灾难，反之亦然。"③

　　由此可见，幸福已成为社会科学各学科梦寐解决的"哥德巴赫猜想"。那么，幸福究竟是什么？历史上许多重要的哲学家都曾皓首

---

① 任俊. 积极心理学 [M]. 上海：上海教育出版社，2006：98.
② 陈瑛. 人生幸福论 [M]. 北京：中国青年出版社，1996：202.
③ [德] 狄慈根. 狄慈根哲学著作选集 [M]. 北京：三联书店，1978：94.

穷经，对其进行过研究。到了二十世纪中叶，西方学术界普遍将幸福与肉体得到的快乐和由此达到的心境联系起来，于是有关幸福研究的重心由哲学转移到了心理学①。

第一节　幸福研究的回顾

古往今来，"幸福"这个命题使无数哲人魂牵梦萦、孜孜以求；回顾数千年，"幸福图书馆"中名家林立、汗牛充栋。研究者站在各自的立场上，从不同的视角上得出各自的观点，有的大相径庭，有的同中存异。

一、哲学意义上的幸福研究

（一）中国传统幸福观

中国的先哲更多强调道德意义上的幸福。《尚书·洪范》一书就对幸福与道德的辩证关系作了阐述："曰'予攸好德'，汝则锡之福，……于其无好德，汝虽锡之福，其作汝用咎。"同时该书还提出幸福的五项标准：一曰寿，二曰富，三曰康宁，四曰攸好德，五曰考终命。道教认为，人生最大的幸福是"修道成仙"，但"成仙"的先决条件也包含着强烈的道德要求："成仙不难，忠孝为先。"（参见《道藏·太平部一，太上灵宝首入净明四规明鉴经》）儒家文化更是将幸福与道德统一起来，强调人生最大的幸福就是"内圣外王"完美人格的追求与实现。"内圣"是对自己心性修养方面的要

---

① 苗元江. 心理学视野中的幸福——幸福感理论与测评研究 ［D］. 南京：南京师范大学，2003：7.

求，即通过"格物、致知、诚意、正心"，达到"恭、宽、信、敏、惠"这个孔子所提出的"仁"的修身境界；"外王"是对自我实现的要求，即通过"立功、立言、立德"来完成"齐家、治国、平天下"的人生使命。儒家幸福观陈义甚高，能够实现的只是少数"圣人"，对于普通人而言，则多强调通过"寻孔颜乐处"来加强人生修养，另外也产生了诸如"先天下之忧而忧，后天下之乐而乐""鞠躬尽瘁，死而后已"的思想感受，依然体现出中国传统幸福观高远的道德追求。

（二）理性主义幸福观

古希腊哲学是西方哲学的发端，可以粗略地划分为理性主义哲学和感性主义哲学，这种分类伴随着人类历史的发展一直延续至今。理性主义哲学家在思考幸福问题时，崇尚人的理性力量，关注人的精神追求，忽视甚至摒弃人的物质享受。苏格拉底认为知识（理性）是获得幸福的前提条件，美德是达到幸福的途径，而幸福是知识和美德的目的。柏拉图继承和发展了苏格拉底的思想体系，在他的世界里，至善是人生的根本目的，必须通过人的理性才能达到至善；与此相比，财富、荣誉和感官享受都是低级的。亚里士多德因袭理性主义传统，把幸福定义发展为："灵魂的一种合于德性的现实活动。"[1] 以上是古希腊理性主义哲学家代表人物关于幸福的主要观点，后人又在此基础上进行了发挥。例如，十七世纪荷兰哲学家斯宾诺莎指出了实现幸福的途径："凡受理性指导的人，亦即以理性作为指针而寻求自己的利益的人，他们所追求的东西，也即是他们为

---

[1] ［古希腊］亚里士多德. 尼各马科伦理学 ［M］. 北京：中国社会科学出版社，1990：16.

别人而追求的东西。所以，他们都公正、忠诚而高尚。"① 斯宾诺莎的结论是，个人的幸福必须在公共的福利中才可能得到实现。对理性主义幸福观进行归纳，共有三个特点：第一，以道德为获得幸福的条件或标准，倡导趋善避恶；第二，理性是道德活动的指导；第三，幸福需要在道德的实践中获得。

（三）感性主义幸福观

感性主义哲学家更加强调人的感性需求，提出了与理性主义幸福论者不同的幸福观。古希腊哲学家德谟克利特认为，快乐和不适是决定幸福与否的界限②。他认为精神快乐高于肉体快乐，但只有二者结合起来，人们才能享受真正的快乐和幸福。伊壁鸠鲁继承并发展了感性主义幸福观，他把情感作为判断一切幸福的准则，把追求快乐看作是人幸福生活的起点和终点。"因为快乐是我们最高的和天生的善，所以我们并不选取所有的快乐。要是它会带来更大的痛苦，我们常常会放过许多快乐。如果忍受一时的痛苦将会使我们获得更大的快乐，我们还常常认为痛苦优于快乐。"③ 综上所述，我们得出感性主义幸福观的几个特点：第一，以人的感受为出发点，把趋乐避苦看作是人的本质特征；第二，虽然追求物质享受，但更加重视物质与精神的结合；第三，看到了物质生活水平的提高与幸福之间的重要关系。

（四）功利主义幸福观

以趋乐避苦为基础的感性主义幸福观，在幸福研究史上影响深

---

① ［荷兰］斯宾诺莎. 伦理学 ［M］. 北京：商务印书馆，1997：184.

② 北京大学哲学系外国哲学史教研室. 古希腊罗马哲学 ［M］. 北京：商务印书馆，1961：114.

③ 苗力田. 古希腊哲学 ［M］. 北京：中国人民大学出版社，1995：639.

远。其派生出的功利主义幸福观，更是对二十世纪的幸福研究产生了重大影响，所以在此将之单独列出。十八世纪末英国哲学家边沁就是这一学派杰出的代表。要了解边沁的幸福观必须首先理解"功利原理"这个概念，"功利原理是指这样的原理：它按照看来势必增大或减小利益有关者之幸福的倾向，亦即促进或妨碍此种幸福的倾向，来造成或非难任何一项行动。"① 边沁从感性主义出发，把趋乐避苦当作功利原理，进而又把功利原理看成增进或减少幸福的标准，这样，快乐就与幸福之间形成了必然的联系。边沁认为，趋乐避苦不仅是个人的选择，而且是"共同体"的选择，而"共同体"的幸福等于个人幸福之和，进而说明了功利主义学派的伦理信条——追求"最多数人最大的幸福"。

边沁对于幸福研究的贡献不止于此，他还别出心裁地提出了苦乐的价值标准和计算方法。对于一个人自己而言，一项快乐或痛苦本身的值依据其强度、持续时间、确定性或不确定性、邻近或偏远、丰度、纯度六种情况而定；对于一群人而言，除了前面提到的六种情况以外，还要考虑其广度——即哪些人受到影响这第七种情况②。同时，边沁还研究出六种方法来计算幸福的总值，意图用来指导人们对自己的伦理行为进行选择。

功利主义对幸福研究做出了巨大的贡献，主要体现在：第一，明确了每个人都能追求幸福、都在追求幸福；第二，引导人们去做有利于最多数人的最大幸福的事；第三，对幸福进行测量，边沁测量了幸福的数量，他的后继者密尔证明了幸福在质量方面亦存在差

---

① ［英］边沁. 道德与立法原理悖论［M］. 北京：商务印书馆，2005：58.
② ［英］边沁. 道德与立法原理悖论［M］. 北京：商务印书馆，2005：86 - 88.

别；第四，首次把幸福与心理行为联系起来①。这几个特点，为主观幸福感的产生打下了坚实的基础。

二、心理学意义上的幸福研究

哲学家试图用思辨的方法探讨幸福的真谛，但得出的结论往往不能使人信服。与哲学观照下的幸福研究最大的不同是，心理学主要通过实证研究来测量和验证人的主观上的幸福感。1925 年，弗鲁格尔（Flugel）通过记录一定样本的人群在不同时刻的情绪事件来研究人的心境，根据这些记录，他最终概括出不同时刻的情绪反应模式，这也许是关于主观幸福感最早的实证研究。当然，对幸福进行系统而深入的实证研究，是最近 60 年来由社会学和心理学研究者发起的。第二次世界大战以后，世界经济迅猛发展，社会物质水平从整体上看也在不断提高，然而，人类的精神世界却受到严重的挑战，幸福生活也并未随之而来。1958 年，美国经济学家加尔布雷斯（Galbrith）在他的名著《丰裕社会》中首次提出了"生活质量"（quality of life）概念，受到了众多学科研究者的关注，并逐渐分化为两大研究取向：客观生活质量（objective quality of life）和主观生活质量（sbjective quality of life）研究。客观生活质量研究更倾向于社会的全面进步和人与环境的协调发展；而主观生活质量研究则侧重于对人们的态度、期望、感受、欲望等方面的考察，着眼于人们的幸福体验，这一研究取向常常被称之为"主观幸福感"（subjective well－being，简称 SWB）研究。

---

① ［英］边沁. 道德与立法原理悖论［M］. 北京：商务印书馆，2005：58.

（一）主观幸福感的涵义

有学者认为，主观幸福感在哲学渊源上与功利主义幸福观一脉相承①。功利主义幸福观主张善即是快乐，恶即是痛苦。因此功利主义者所企求的幸福最佳状态是：快乐超过痛苦的最大程度②。但幸福与快乐不同，快乐只是一个积极情感，而幸福是一簇积极情感与一簇消极情感的比较，幸福的内涵要大于快乐。心理学家不断修订哲学家为幸福下的定义，现在普遍接受的是："主体主观上对自己已有的生活状态正是自己心目中理想的生活状态的一种肯定和感受。"③ 这种定义从人的主观感受方面来界定幸福，即主观幸福感。作为一种继承和发展，主观幸福感研究的集大成者，美国心理学家狄纳全面概括了主观幸福感的三个特点：第一，存在于个体的体验之中，标准自定，具有主观性；第二，幸福的心理就是积极情感的增加和消极情感的减少；第三，主观幸福感并非是对某一个单独生活领域的满意程度，而是对整个生活领域的总的满意程度。简言之，主观幸福感就是主体的一种积极体验。

（二）主观幸福感的形成理论

幸福是如何形成的？目前，有以下三大理论。

1. 遗传论

遗传论认为：由于遗传的影响，人们具有快乐或不快乐的基因素质，这种基因素质使人们具有以积极或消极的方式体验生活的倾向。主观幸福感正是由这些因素共同作用而产生的个体对自身存在

---

① 任俊. 积极心理学［M］. 上海：上海教育出版社，2006：100.
② ［英］伯特兰·罗素. 西方的智慧［M］. 北京：世界知识出版社，1992：351.
③ Ed Diener. subjective well－being：The Science of Happiness and a Proposal for a National Index［J］. American Psychologist，2000（55）：34－43.

与发展状况的一种积极心理体验。

李生子的研究发现印证了遗传与主观幸福感的关系。在不同的家庭环境中抚养长大的同卵孪生子，其主观幸福感水平的程度较为接近，要比在同一个家庭环境中抚养长大的异卵孪生子高得多。特勒根等人从遗传角度研究了人格和气质对情绪的影响：约有40%的积极情感变化和55%的消极情感变化可以通过基因变量得到预测；至于共同的家庭环境，只能解释22%的积极情感变化，2%的消极情感变化，以及13%的生活满意度变化①。他同时认为遗传特质可以保持长时间的主观幸福感，而突发事件可以使主观幸福感在这个基线上升或下降。心理学家进一步研究表明，"尽管生活的特定事件能影响人们的主观幸福感，但人们最终都会适应这些特定变化并使自己回归到由个体具有的生物性特点和适应水平上。"② 也就是说，遗传论者认为：人的主观幸福感主要由先天基因及人格特质决定，即人的先天基因和人格特质是体验主观幸福感的关键因素。

2. 实现论

持这种理论的学者认为，一个人的目标（需要）实现的过程会产生积极体验和消极体验，从而产生幸福感。实现论以需要层次论为理论基础。二十世纪五十年代，马斯洛提出人类需要的五个层次，分别为生理、安全、爱、尊重和自我实现③，同时指出满足低级的需要是基础，然后才能逐级上升。主观幸福感的实现论也是以需求

---

① Tellegen E, Lykken D, Bouchard T et al. Personality Similarity in Twins Reared Apart and Together [J]. Journal of Personality and Social Psychology, 1988: 54 (6): 1031 -1039.

② Ed Diener, Lucas E, Oishi S. Subjective Well - Being [A]. Snyder C, Shane J. Handbook of positive psychology [C], New york: Oxford University Press, 2002: 67.

③ 车文博. 人本主义心理学 [M]. 杭州: 浙江教育出版社, 2004: 123 -124.

为基础：当人们实现预定的目标时，会产生积极的情绪体验，如果实现的目标十分重大则会得到强烈的积极情绪体验；如果发生了目标冲突，则会产生消极的情绪体验。后有学者发现，人们的主观幸福感取决于目标及价值取向。例如，对于将价值定位于学习成绩上的学生，取得好的成绩就会增加其主观幸福感；将价值定位于生活舒适的人，收入增加便会提高其生活满意度。当然，也有例外，例如涉及理想、崇高的社会和价值等，具有这样价值观的人会成为殉难者，他们为了某种理想或价值，将牺牲一切①。正因如此，主观幸福感超越了享乐主义的范畴；因为在享乐主义看来，一个人可以过不道德的生活，但他仍然感到快乐。主观幸福感反映了个体的价值观，以及与价值有关的各种实现目标的活动。在这个意义上，人们的主观幸福感与其目标及价值能否得以实现有关②。

3. 认知论

认知是对知识的获得和应用，它反映事物本身的特征和关系。心理学研究表明，认知是情绪产生的基础和决定条件。认知的作用既表现为对情绪刺激的解释，也表现为对生理唤醒的识别和对情绪的命名；同时，情绪不是认知的副现象，它对认知起着定向、选择、调节和启动的作用③。

认知理论在主观幸福感研究中应用并逐渐展开。这一理论强调认知在主观幸福感形成中的作用，认为幸福感的产生并不完全由外在刺激引起，也不完全由基因决定，它是个体的愿望或已有的经验与外在刺激相互作用的结果，与认知对象本身、认知者本身和认知

---

① 时蓉华. 社会心理学 [M]. 杭州：浙江教育出版社，2004：242 – 243.

② 李维. 风险社会与主观幸福 [M]. 上海：上海社会科学院出版社，2005：22.

③ 彭聃龄，张必隐. 认知心理学 [M]. 杭州：浙江教育出版社，2004：10.

的情境相关。(具体模式见图 1.1①)

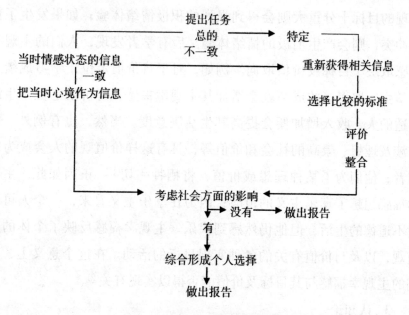

图 1.1　主观幸福感的认知模式

这个模式认为主观幸福感本质上是一种比较判断的结果。从图
1.1 可以看出，主观幸福感取决于当时的情感状态，当提出的任务
与当时的情感状态一致或比较接近时，容易做出判断；当提出的任
务与当时的情感状态不一致时，就会采取比较的策略，得出判断结
论。主观幸福感的判断与社会因素之间存在必然联系，因为不管任
务与情感是否一致，都要考虑社会因素的情况。

（三）影响主观幸福感形成的主要因素

与主观幸福感的形成理论相适应，关于主观幸福感的影响因素，

---

① Schwarz N, Strack F. Evaluating Ones Life: A Judgment Model of Subjective Well－Be-
ing [A]. Strack F, Argyle M, Schwarz (Eds.). Subjective Well－Being [C]. Perga-
mon Press Plc, 1991: 43.

可以分为三类。

1. 自身因素

研究发现，基因、人口学变量、自尊和健康等因素对主观幸福感的影响稳定而且长久。

关于基因的影响，前文介绍过的特勒根等人的双生子研究最为著名：在不同的家庭环境中长大的同卵双生子比在同一个环境中长大的异卵双生子的主观幸福感要接近得多①。考斯特（Costa）和麦克瑞（Mccrae）总结了人格与主观幸福感的关系，认为与其他因素相比，主观幸福感更多地依赖人格，不同人格会产生不同的积极情感、消极情感和生活满意度，并且人格可预测 10 年甚至 20 年后的主观幸福感②。罗森伯格（Rosenberg）对 1886 名十来岁的青少年进行的研究表明，自尊同幸福感的指标生活满意度、快乐感相关；狄纳的研究支持了这个观点，认为自尊同主观幸福感呈正相关，也就是说，自尊高的人拥有更多的幸福感③。众多研究表明，主观幸福感能通过影响人的免疫系统来保持其身体健康④。而反过来，良好的身体健康状况有助于个体体验到更多的幸福感⑤。

---

① Tellegen E, Lykken D, Bouchard T et al. Personality Similarity in Twins Reared Apart and Together [J]. Journal of Personality and Social Psychology, 1988: 54 (6): 1031 -1039.

② Costa P T, McCrae R R. Influence of extraversion and neuroticism on subjective well - being: happy and unhappy people [J]. Journal of Personality and Social Psychology, 1980, 38 (4): 668 - 678.

③ Ed Diener. Subjective Well - Being [J]. Psychological Bulletin, 1984: 95 (3): 542 -575.

④ Segerstrom S, Taylor S, Kemeny. Optimism is Associated with Mood, Coping and Immune Change in Response to Stress [J]. Journal of Personality and Social Psychology, 1998, (74): 1646 - 1655.

⑤ Alan Carr. Positive Psycholigy: The Science of Happiness and Human Strengths [M]. Brunner - Routledge, 2004: 29.

2. 社会因素

大量研究表明，主观幸福感与社会支持、生活事件、经济收入、社会环境、人际关系等具有不同程度的相关。魏斯（Weiss）研究发现，个体只有在得到各种社会支持时才能获得较高的幸福感①；简恩（Kahn）等也指出社会支持是主观幸福感的一个重要影响因素②；许布那研究发现，急性生活事件和慢性生活事件均与青少年的生活满意度呈中等程度的相关③；狄纳研究发现，许多重大的事件对主观幸福感的影响至少要持续三个月④。诸多研究表明，收入与主观幸福感无关；例如，近十年美国的人均收入增加了许多，但其主观幸福感并没有提高，学者的解释是，收入仅在人们非常贫穷时对幸福感有影响，一旦基本需要得到满足，经济的影响就小了⑤。关于社会环境，国内学者邢占军认为，当年发生的大事或者政府决策，对民众的幸福感影响颇大。例如，2003 年的"非典"曾经让幸福指数下跌，而 2004 年的"神五"发射成功则增强了人们的幸福感⑥。关于人际关系，研究者不约而同地得出同一条结论：良好的朋友关

①　Weiss R L. The provisions of social relationships［A］. Rubin Z, ed. Dong unto others［C］. Englewood Gliffs, NJ Prentice Hall, 1974：17 - 26.

②　Kahn R L, Antonucci T C. Convoys over the life course：Attachment, roles, and social suporl［A］. Baltes P B, Brim O G. Life span development and behavior［C］. New York：Academic Press, 1980 (3)：253 - 286.

③　Huebner E S, Ash C, Laughlin J E. Life experiences, locus of control, and school satisfaction in adolescence［J］. Social Indicators Research, 2001, (2)：167 - 183.

④　Ed Diener, Carol LG, Eunkook S, et al. Similarity of the relations between marital status and subjective well - being across cultures［J］. Journal of Cross - Cultural Psychology, 2000, 31 (4)：34 - 43.

⑤　Ed Diener, Martin E P Seligman. Beyond Money：Toward an Economy of well - being［J］. American Psychologist Society, 2004, (1)：1.

⑥　邢占军. 城乡居民主观生活质量比较研究初探［J］. 社会, 2007, (1)：140.

系有利于主观幸福感的生成①。

3. 认知因素

时至今日，人们仍然在积极探索：认识自己、认识他人、认识社会、认识世界，这个课题对于主观幸福感研究而言至关重要，即，人们是如何感知、思考和决定他们的主观和客观世界的。由此派生出"认知归因说"和"认知应对说"②。

"认知归因说"认为，感到不幸的人容易把消极事件看作是由某种无法抗拒的原因造成的，因此，消极事件很有可能继续在他们身上发生。例如，主观幸福感水平较低的人倾向于将中性的事件看作是消极的事件，甚至把模棱两可的事件解释为恶性的事件。

"认知应对说"基于这样的理念，在处理生活事件的过程中，愉悦的人通常能够产生适应的、有意义的想法和行为，而不悦的人则会以消极的方式处理生活事件。例如，愉悦的人倾向于看到事情积极的一面，既相信自己，又要谋求他人的支持。相比之下，不悦的人则往往纠缠于奇怪的念头，责备他人和自己，回避各种问题。

认知的目的是为了明确感知对象是否具有积极的意义，是否值得快乐，③ 它表明了个体的态度。认知是个体态度结构的基础，是态度产生的根源，它与个体的需要、个体的经验、交往的对象和性质以及个体的自我意识密切相关④。所以，认知在某种意义上是个体的态度问题，它既指导着个体的态度，又包含在态度之中。态度能表达人们深层的价值观，它既来自价值观又表达价值观，这是态

---

① Argle. Religion ［J］. The psychologist, 2002 (15)：22－26.
② 李维. 风险社会与主观幸福 ［M］. 上海：上海社会科学院出版社，2005：33－34.
③ 郑雪，严标宾，邱林，张兴贵. 幸福心理学 ［M］. 广州：暨南大学出版社，2004：9.
④ 俞国良. 社会心理学 ［M］. 北京：北京师范大学出版社，2006：211－212.

度性质中最主要的一点；也就是说，价值观是态度的核心①。

国外学者认为，如果个体的价值系统与他所处社会环境的主流价值观不一致，他们就会感到出了什么问题；当人们能够表达和实现他们的价值观，他们就会更多地体会到正向的幸福感②。国内研究证明：个体价值目标与环境价值特征的一致性影响幸福感，具体地说，个体价值目标与环境价值特征一致对幸福感有正向影响；相反，个体价值目标与环境价值特征不一致则对幸福感产生负向影响③。同时，主观幸福感的自我理论认为，现实自我和理想自我之间的不一致会导致沮丧、抑郁，从而降低主观幸福感④。这也为价值观对主观幸福感的影响提供了佐证。

三、大学生主观幸福感研究的现状

大学生主观幸福感的研究在 20 世纪 90 年代中后期逐渐展开，主要探讨大学生主观幸福感与人口学变量、人格特质、生活事件、社会支持、教育等影响因素的关系。

（一）人口学变量的影响

大学生主观幸福感研究者普遍认为，性别是最重要的人口学变量，但男性和女性的主观幸福感是否存在显著差异，已有的研究结论不一。郑雪等的研究认为：女性比男性具有更多的主观幸福感和

---

① 时蓉华. 社会心理学 [M]. 杭州：浙江教育出版社，2004：298.
② Triandis, H. C. Cross – cultural studies ofindivid – ualism and collectivism [A]. J Berman, NebraskaSymposium on Motivation [C]. Lincoln, NB：University of Nebraska Press, 1989：41 – 133.
③ 文萍，李红. 个体价值目标与环境价值特征一致性对主观幸福感的影响 [J]. 教育研究与实验，2006 (4)：64 – 67.
④ 段建华. 主观幸福感概述 [J]. 心理学动态，1996, 4 (1)：46.

满足感①；王极盛也认为，女生在快乐感、生活满意度等方面均显著高于男生②。张建人等的研究结果表明，男性的主观幸福感显著高于女性③。而国内也有研究认为，大学生主观幸福感性别差异不显著。

经济状况也是人口学变量的重要成分。经济状况与主观幸福感的关系一直存在着争论。一些学者发现，收入与主观幸福感呈正相关。他们认为，较高的收入会带来更多的物质享受、更高的权力与地位等，因而主观幸福感较高。而另有研究表明，收入仅在非常贫穷时对主观幸福感有影响，一旦人们的基本需要得到满足，经济的影响就很小了。严标宾等人研究发现，低家庭经济收入的大学生的生活满意度低于平均或高家庭经济收入的大学生④。佟月华研究表明，有些低家庭经济收入大学生的主观幸福感高于总体学生的平均值⑤。伊斯特林（Easterlin）认为，经济状况与主观幸福感的关系受个体对物质的期望等主观因素的调节，可以解释上述研究之间的矛盾。李福军等进行了贫困大学生主观幸福感的研究，他们认为，贫困生具有中等程度的主观幸福感，但明显低于非贫困生；生活事件与贫困生的积极情感负相关，与其消极情感正相关；而社会支持与

① 郑雪，严标宾，邱林. 广州大学生幸福感研究 [J]. 2001 (4)：49–52.
② 王极盛. 初中生主观幸福感与人格特征的关系研究 [J]. 中国临床心理学杂志，2003 (2)：96–98.
③ 张建人，黄懿. 大学生社会支持、应对方式及其与主观幸福感的关系 [J]. 中国临床心理学杂志，2007，15 (6)：629–631.
④ 严标宾，郑雪，邱林. 家庭经济收入对大学生主观幸福感的影响 [J]. 中国临床心理学杂志，2002，(2)：118–119.
⑤ 佟月华. 低收入大学生一般自我效能感、主观幸福感研究 [J]. 中国临床心理学杂志，2003 (4)：294–295.

贫困生的主观幸福感呈正相关①。

在生源方面，研究结论也不尽相同。郑雪等人研究认为，农村生源的学生幸福感要明显高于城市学生，消极情感在二者之间没有差别②。而胡贝妮的研究表明，来自城市的学生的主观幸福感略高于来自农村的学生③。

(二) 人格特质的影响

研究者普遍认为：主观幸福感在不同时间也是相当稳定的，它与稳定的人格特质高度相关。国内有关大学生主观幸福感的研究也表明，主观幸福感与外倾正相关，与神经质负相关④。苏娟娟研究认为，人格特质是影响大学生主观幸福感的主要因素⑤。作为人格特质中的重要成分，自尊对主观幸福感的形成起了重要作用。斯坦斯 (Staats) 等发现自尊对大学生幸福感两个指标生活满意度和快乐感有积极贡献⑥。狄纳等在对 31 个国家 13118 名大学生进行的跨文化研究中发现，自尊与生活满意度之间的相关达到 0.47⑦。

---

① 王建中，金宏章. 高校心理健康教育新进展 [J]. 长春：吉林人民出版社，2007：190 - 192.

② 张兴贵. 幸福与人格 [M]. 广州：暨南大学出版社，2005：89 - 104.

③ 胡贝妮. 大学生主观幸福感与社会支持关系的研究 [J]. 太原师范学院学报，2009 (3)：150.

④ 张雯，郑日昌. 大学生主观幸福感及其影响因素 [J]. 中国心理卫生杂志，2004，18 (1)：28.

⑤ 苏娟娟. 关于大学生幸福感影响因素的调查研究 [J]. 辽宁师范大学学报 (社会科学版)，2005 (4)：54 - 56.

⑥ Staats S, Armslrong S M, Partio C. Student well - being: are they betteroff now? [J]. Social Indicators Research, 1995, (34). 93 - 112.

⑦ Ed Diener. Cross - culturecorrelates of life satisfaction and self - esteem [J]. Journal of Personality and Social Psychology, 1995 (68)：653 - 663.

（三）生活事件的影响

生活事件是指人们在社会生活过程中经历的各种紧张性刺激。生活事件对主观幸福感有较大的影响作用，这一结论在成人的研究结果中得到验证[①]。大学生虽然已步入成年初期，但生理成熟并不意味着心理、社会性的成熟，因此，以上结论在大学生群体中需进一步证实。严标宾等研究认为，各种生活事件（正性生活事件、负性生活事件）都没有对大学生产生明显的影响[②]。

（四）社会支持的影响

胡贝妮研究认为，社会支持是对生活的满足和兴趣、精力和总体主观幸福感的有利因素[③]。严标宾等人对广州大学生的研究也得出了类似结果：家庭支持、朋友支持与其他支持与主观幸福感及其指标相关都达到非常显著的水平；女生得到的总的社会支持要多于男生；不同的社会支持来源在预测大学生主观幸福感及其指标方面发挥着不同的作用[④]。

也有学者从社会支持和主观幸福感之间寻求控制变量，他们的结论集中在自尊等人格特质上。严标宾等人研究发现，自尊不仅与大学生主观幸福正相关，而且与社会支持具备一定相关，是社会支持与大学生主观幸福感的控制（中介）变量[⑤]。

---

① 于静华. 大学生主观幸福感研究综述 [J]. 哈尔滨学院学报, 2005 (5): 97 - 99.
② 严标宾, 郑雪, 邱林. 社会支持对大学生主观幸福感的影响 [J]. 应用心理学, 2003, 9 (4): 22 - 28.
③ 胡贝妮. 大学生主观幸福感与社会支持关系的研究 [J]. 太原师范学院学报, 2009 (3): 150.
④ 严标宾, 郑雪, 邱林. 社会支持对大学生主观幸福感的影响 [J]. 应用心理学, 2003, 9 (4): 22 - 28.
⑤ 严标宾, 郑雪. 大学生社会支持自尊和主观幸福感的关系研究 [J]. 心理发展和教育, 2006, (3): 60 - 64.

（五）教育因素的影响

何瑛研究认为，所学专业对大学生主观幸福感的影响差异显著，学习成绩与快乐感的关系是"中间高，两头低"，即成绩特别差与成绩特别好的人快乐感较低，而成绩居中的人快乐感较高①。何瑛与李景华的研究均认为，年级显著影响大学生主观幸福感，但两个研究在结论上又有所不同。何瑛认为一、二、三年级大学生快乐感呈下降趋势，到四年级略有上升②。李景华研究认为，一、二年级大学生幸福感相比，二年级大学生幸福感更高③。李焰、赵君认为，一、二、三年级大学生幸福感呈下降趋势，但差异不显著④。李祚山研究却认为，年级对幸福感不产生影响⑤。

四、幸福研究小结

（一）幸福研究的特点

1. 幸福研究具有继承性和创新性。首先，主观幸福感继承了幸福哲学研究的成果。虽然早期的主观幸福感研究者忽视理论，但在发展过程中已逐渐接受功利主义幸福观为其理论基础；而事实上，近期的主观幸福感研究中已经呈现出对理性主义幸福观的兴趣。其次，主观幸福感的产生推动了幸福感研究从思辨到实证的转折。幸

---

① 何瑛. 重庆大学生主观幸福感状况及其影响因素 [J]. 重庆师专学报，2000，19（2）：35 - 38.

② 何瑛. 重庆大学生主观幸福感状况及其影响因素 [J]. 重庆师专学报，2000，19（2）：35 - 38.

③ 李景华. 大学生的心理健康测试分析 [J]. 西安联合大学学报（社会科学版），2000，（3）：94 - 98.

④ 李焰，赵君. 大学生幸福感及其影响因素的研究 [J]. 清华大学教育评论，2005，26（增1）：168 - 174.

⑤ 李祚山. 大学生的文化取向、自我概念对主观幸福感的影响 [J]. 心理科学，2006（2）：423 - 426.

福的哲学是关于灵魂的研究，一直带有很强的理论和思辨色彩；而主观幸福感把幸福研究带到心理学的领域，开创了一个以实证为主的研究时代；这个转折同时也显示了幸福研究从灵魂到心理的变化。再次，幸福研究经历了一个客观—主观—客观的过程。幸福的哲学研究试图探索出一种统一的客观标准为世人借鉴，主观幸福感更加重视个人的主观评价，而近期的幸福研究又表现出对客观标准的新的兴趣。

2. 幸福研究具有互补性。譬如，伊壁鸠鲁和亚里士多德分别沿着两个方向论述了幸福，但他们却走在同一条道路上。首先，伊壁鸠鲁虽然强调幸福就是快乐，但他并不排斥道德。他认为只有用理性限制过度的欲望才可能获得幸福："不断地饮酒取乐，享受童子与妇人的快乐，或享用有鱼的盛宴，以及其他珍美食品，都不能使人生活愉快。"[1] 同样，亚里士多德推崇德性，但他并不排斥享乐，他把幸福归为三种生活方式，即政治的、哲学的和享乐的；政治对应德性、哲学对应理智、享乐对应快乐[2]。可见，两位先哲都不否定德（理）性和享乐，但他们又各取一端，争执不下，如果把二者结合起来，我们就看到了一个更加接近真理的幸福。

（二）关于幸福哲学研究的讨论

1. 幸福在于知足。学界一般认为，开创幸福哲学研究的是古希腊的政治家梭伦。梭伦认为："最有钱的人并不幸福，而许多只有中等财产的人却是幸福的。"[3] 伊壁鸠鲁给享乐界定了一个度："当需要吃东西的时候，面包和水就能给人极大的快乐，养成简单朴素的

---

① 苗力田. 古希腊哲学 [M]. 北京：中国人民大学出版社，1989：648-649.

② 孙希有. 面向幸福的经济社会发展导论 [M]. 北京：中国金融出版社，2005：143.

③ 冯俊科. 西方幸福论 [M]. 长春：吉林人民出版社，1992：27.

生活习惯，是增进健康的一大因素，使人对于生活必需品不加挑剔。"① 柏拉图认为，非常富有并不是人们的理想幸福生活，他提出的界限是：以自食其力为一个衡量单位，一个人，不管他的财富来源如何，至多拥有4倍于其自食其力的财富②。亚里士多德认为美好的生活和善良的行为即是幸福③，幸福的重要体现就是自足，"我们现在主张自足就是无待而有，它使生活变得愉快，不感匮乏。"④ 可见，无论是理性主义幸福观还是感性主义幸福观，都对幸福在于知足这点给予了极大的肯定。

2. "趋避"是达到幸福的途径。无论是"趋利避害""趋乐避苦""趋福避祸"还是"趋善避恶"，不管持何种幸福观，任何人追求幸福的一生都是"趋×避×"的一生，即为"趋避"的一生，这是人生的常态。而幸福是"趋避"的产物。"趋避"造成了幸福的运动性，"趋"是向往和追求，"避"消除和躲藏。在现实中，人们总是义无反顾地追求"利""乐""福"或"善"，却总是被动地规避"害""苦""祸"和"恶"，以至于"利""乐""福""善"实现的同时，"害""苦""祸""恶"也来到我们身边，在这种情况下，幸福无从谈起。而反观历史，人类在"趋"上下足了功夫，而在"避"上建树不多。所以，在这个意义上讲，不幸是绝对的，幸福是相对的。对于个人而言，支持一种幸福观并身体力行之，才是幸福的。我们相信如亚里士多德、伊壁鸠鲁等，都是积极探索幸福并相信自己可以找到幸福的哲学家。

---

① 苗力田. 古希腊哲学［M］. 北京：中国人民大学出版社，1989：648 - 649.
② ［古希腊］柏拉图. 理想国［M］. 北京：商务印书馆，2002：96.
③ 苗力田. 古希腊哲学［M］. 北京：中国人民大学出版社，1995：559.
④ 苗力田. 古希腊哲学［M］. 北京：中国人民大学出版社，1989：569.

3. 人生态度是体验幸福的关键。古往今来，幸福与不幸的根源很大程度上取决于人的欲望。欲望的满足来自于主体对客体的占有，而客体的有限性自然会造成欲望的不能完全满足。荀子认为："人生而有欲，欲而不得，则不能无求；求而无度量分界，则不能无争。争则乱，乱则穷。"欲望是把双刃剑，它既是人的本性，也是道德的敌人；欲望既是成长的动力，又是衰弱的催化剂。把欲望看成幸福的朋友，容易走上享乐主义；把欲望看成幸福的敌人，容易走上禁欲主义。幸福，在欲望的满足中产生；不幸，也会在欲望的不能满足中增强。所以，欲望不仅与个人有关，也和自然界、人类社会等客观环境密切相关，这是一个世界观、人生观、价值观以及生活习惯、行为取向的问题。弗洛伊德也承认："有的世界观不仅可以减轻人的不快乐，也能影响人感受快乐的程度。"① 罗素曾经指出："这种不幸很大程度上由对世界的错误看法、错误的伦理观、错误的生活习惯所引起的。"② 在此，我们将一个人的"世界观""人生观""价值观""生活习惯"和"行为取向"统称为人生态度。而人生态度恰恰又是"趋避"的前提。

4. 幸福的体验是主观与客观的统一。幸福主观论者过分关注个人的主观体验，否定了幸福的客观性质，似乎幸福就是个人的主观意志，存在于人的大脑之中；幸福客观论者过分强调其客观标准，认为这些标准是不以人的意志为转移的，存在于客观生活之中。我们认为，二者都不能反映幸福的全貌，幸福是主观与客观的统一，是主观期望与客观实现的统一，是客观实际与主观体验的统一。只

————————

① ［美］阿曼德·尼科利. 终极之间——永恒. 爱. 性. 快乐［M］. 南昌：江西人民出版社，2009：101.

② ［英］伯特兰·罗素. 幸福之路［M］. 北京：文化艺术出版社，2005：4.

有承认幸福的客观性，才能更好地体现幸福研究的价值，才能更为全面地认识、评价幸福，才能更加深刻地揭示幸福的本质。

（三）关于主观幸福感的讨论

1. 关于主观幸福感的结构模型。国内外提出多种，如郑全全把它分为外显幸福感和内隐幸福感两个维度①；安德鲁斯（Andrews）和维希（Withey）认为可把它分成积极情感、消极情感和认知水平三个维度；也有学者提出把积极情感和消极情感两个维度合并成一个维度从而形成——情感平衡度②。当然，关于主观幸福感的结构问题还是以狄纳的研究最为权威，他曾提出主观幸福感包括两部分：情感和生活满意度；但在后来他所使用的《国际大学调查》量表中，实质上把主观幸福感分为四个维度：快乐感、生活满意度、积极情感和消极情感。

2. 主观幸福感结构模型的缺陷。首先，主观幸福感的概念具有还原论与简单化倾向，不能反映幸福的完整内容与整体面貌；研究者呼吁丰富与完善幸福感的评估体系，从更广阔的方面研究与评价幸福，而不是仅仅局限在认知与情感维度。其次，主观评价与客观标准的分离。主观幸福感模型关注人们的个人体验和主观感觉，而忽视了客观的指标与评价，导致了主观与客观的分离；因此，研究者认为除了采用主观指标外，还应补充主观幸福感的客观标准。再次，主观幸福感忽视了道德、价值、意义的追求。在幸福的哲学研究中，本来就存在着感性与理性的对峙、快乐与意义的冲突；主观

---

① 郑全全，耿晓伟. 自我概念对主观幸福感预测的内隐社会认知研究［J］. 心理科学，2006（3）：558－562.

② Eunkook Sub, Ed Diener, Shigehiro Oishi, and Harry C. Triandis. The Shifting Basis of Life Satisfction Judgment Across Cultures: Emotion Versus Norms［J］. Journal of Personality and Social Psychology. 1998, 74（2）：482－493.

幸福感偏重主观、快乐与享受，忽视客观、意义与发展，实际上并没有把握幸福的全貌。因此，新的主观幸福感研究必须实现从分裂到整合的转换，必须从更高层次，系统地、辩证地、科学地理解和研究主观幸福感。

3. 关于主观幸福感的形成理论。主观幸福感形成的三种理论各有侧重，其实并不矛盾。"遗传论"强调了先天基因及人格特质对主观幸福感形成的基础作用，"实现论"强调了社会因素在满足人的需求时所产生的变化作用，"认知论"则突出了在主观幸福感形成中的比较判断作用。相应地，影响主观幸福感的主要因素也有三类：一类影响人格特质，一类满足人的需要，一类影响人的比较判断。综合以上，把三种理论综合起来运用能够更加全面地反映主观幸福感的生成机制。这样看起来，基因遗传、需求满足、认知因素对主观幸福感的影响是综合的、互相影响的、相辅相成的。

4. 关于主观幸福感的影响因素。有研究者[①]认为，对于个体而言，影响主观心理状态的因素主要可以分为两个方面：第一方面是相对比较稳定的因素，如一个人的社会背景、人格特质和社会网络系统（家庭、工作单位）等；第二个方面是常变因素，这主要指一个人在特定的时间里，由满意事件或不幸事件所导致的心理变化。前一个方面的影响因素又被称为"心理储备"，后一个方面的影响因素则被称为"心理收入"。鉴于此，我们产生了一种新的想法：幸福感的形成是否也会和心理状态一样，受"幸福储备"和"幸福收

---

① Headey, Wearing. Subjective well - being: A stocks and flows framework ［A］. In F. Strack, M. Argyle, N. Schwarz（Eds.）, International series in experimental social psychology, Vol. 21. Subjective well - being: An interdisciplinary perspective ［C］. Elmsford, NY, US: Pergamon Press, 1991: 49 - 73.

人"两方面因素的影响？个体的"幸福储备"对一个人的主观幸福感起着稳定而持久的作用，许多人在同样的外在条件下对某些事件比其他人能体验到更多的主观幸福感，这主要就是因为不同的人有不同的"幸福储备"；但不管一个人的幸福储备怎样，它都要与其"幸福收入"相整合才能起作用。也就是说，个体体验到的主观幸福感是他"幸福储备"与"幸福收入"之间动态平衡的结果。有好的"幸福储备"，没有好的"幸福收入"，也有可能体验不到幸福感。

这个理论与大多数积极心理学家对主观幸福感的理解是相似的："幸福储备"从某种意义上就是一个人对自己生活的一个总的看法，而"幸福收入"则是一个人积极情感与消极情感综合的结果，它们共同决定了一个人的主观幸福感①。

（四）关于大学生主观幸福感研究

学校工作往往是通过教育、管理和服务等渠道来激活学生的潜能，使教育对象不仅具有适应时代需要的科学文化素质，而且具有良好的思想道德素质和健康的心理素质。在这个意义上，学校工作肯定会对大学生主观幸福感产生非常大的影响。在已有的大学生心理研究中，主要形成两个倾向：一是从消极心理学出发，研究者更多的关注如何发现并解决大学生的心理问题，从而加强大学生心理健康教育、培养学生个性发展②；二是从积极心理学出发，开展大学生主观幸福感研究。但是，已有的大学生主观幸福感研究，多是成人幸福感研究方法的移植，并没有切中大学生幸福感的要害，因而得出的结论是主观的、零散的、片面的，且多为描述性的，很少

---

① 任俊. 积极心理学 ［M］. 上海：上海教育出版社，2006：116.
② 王建中，金宏章. 高校心理健康教育新进展 ［C］. 长春：吉林人民出版社，2007：293 - 296.

能触及理论层面。

以人口学变量为例，关于人口学变量与大学生主观幸福感关系的研究结果与成人并不一致。究其原因，大学生的幸福观更多的是采取"现在取向"和"未来取向"，而非"过去取向"。同时，幸福感主观性很强，在成人认为是幸福的因素，在大学生可能认为是不幸。例如，父母努力打拼赢得了较高的社会地位和较好的物质条件，对于孩子而言，却可能只是理所应得的享受、人生的起点，抑或是认知上的不屑、心理上的障碍。

第二节 研究问题的提出

一、研究问题

根据前面的文献回顾，总的来说，大学生主观幸福感的研究已经兴起。但是，这些研究多数还只停留在对成人研究的复制层面上，针对大学生这个特殊群体的研究才刚刚展开，尤其是学校工作与大学生主观幸福感之间关系的研究还是个空白。本研究欲要解决以下问题。

（一）教育目的与幸福的关系研究

任何人都需要教育。苏格拉底曾对一个非常自负的青年指出，如果不受教育，好的禀赋是靠不住的，无论什么技艺都需要请师傅，只有愚人才会自以为可以无师自通[1]。在苏格拉底及其后继者看来，

---

[1] ［古希腊］色诺芬. 回忆苏格拉底［M］. 北京：商务印书馆，2001：140.

教育是认识自我、认识他人、认识社会最好的途径。在古代中国也有"尊师重教""知人者智，自知者明"等格言警句，说明古代中西方对教育重要性的认识是基本一致的。

教育以幸福为目的既是一种实然事实的存在，也是一种应然价值的追求①。乌申斯基说："教育的主要目的在于使学生获得幸福，不能以任何不相干的利益而牺牲这种幸福，这一点当然是毋庸置疑的。"② 因此，教育作为人类一项伟大的事业，应当给予学生最大的幸福体验。学校教育如果忽视学生的幸福，就是教育目标的重大缺陷。

但是，现行许多教育活动远离了幸福这个目标。这不能不成为教育界乃至全社会关心、关注的问题。

（二）大学生主观幸福感的影响因素及其形成机制研究

大学生是国家和民族的希望，是未来社会的中流砥柱。我们一方面希望他们能一生都生活在幸福之中，同时也希望他们能为社会、为下一代创造更多的幸福。因此，他们此时的幸福感如何，值得我们高度关注。尤其在生活环境日新月异，文化交锋和碰撞不断增多的今天，大学生的思想观念、思维方式、心理状态也在发生着冲突和激荡，大学生的幸福感也必随之发生变化。有研究表明，在测试对象中有近三分之一的大学生在一定程度上存在着心理障碍③。20世纪90年代初我国高校的大学生心理健康状况调查表明，相当一部分大学生在心理上存在一系列不良的反应与适应障碍，心理障碍发生率高达20%—30%，表现为焦虑、强迫、恐怖、忧郁、神经衰弱

---

① 刘次林. 幸福教育论［M］. 北京：人民教育出版社，2005：75.
② 郑文樾. 乌申斯基教育文选［M］. 北京：人民教育出版社，1991：213.
③ 王秀芳. 大学生心理障碍的归因分析［J］. 中国高教研究，1994：72.

等，明显地影响了一部分学生的智能素质、心理健康及人格成长①。1998 年国家教委对全国 12.6 万名大学生抽样调查发现，我国大学生心理疾病率已高达 20.23%；某大学已连续 14 年对大学生新生进行心理测查工作，发现学生中存在心理问题主要集中在以下几个方面：情绪不稳定、自信心不足、学习障碍、人际交往不适②。笔者认为，这些现象的产生既与大学生不能有效适应社会环境的变化有关，也与大学生没有掌握有益的心理策略，不懂得如何去理解幸福、感受幸福和创造幸福有关。有学者研究表明：不同的人面对相同的处境，幸福感却不同③。赵汀阳指出，认识本质虽然重要，但策划幸福更重要，于是关于本质的知识问题就让位于关于幸福的知识④。所以，面对确定的环境（如大学校园、学校工作），让学生感受到更多的幸福，这是幸福教育的重要目标。

我们很想知道，什么样的学生最幸福？是男生，还是女生？是家庭经济富裕的，还是家庭经济困难的？是学生党员，还是普通群众？是北京生源的，还是外地生源的？是来自城市的，还是来自农村的？我们还想知道，大学生主观幸福感是和专业相关，还是和院系相关？是和年级相关，还是和学习成绩相关？是和学生工作相关，还是和教学工作相关……

在有了以上问题的答案以后，我们更想了解，大学生主观幸福感是如何形成的。学生来到大学，应该有一个基本的主观幸福感值，

---

① 樊富珉. 社会现代化与人的心理适应 [J]. 清华大学学报（哲学社会科学版），1995.45.
② 王建中，金宏章. 高校心理健康教育新进展 [C]. 长春：吉林人民出版社，2007：167 – 168.
③ 张忠仁. 幸福教育的目标：内在尺度对外在境遇的超越 [J]. 教育科学，2007：5.
④ 赵汀阳. 知识、命运和幸福 [J]. 哲学研究. 2001：8.

针对学校教育，这个值是增是减。针对每个学生，是否有幸福的储存，它是否基本保持了一个相对稳定的水平；当客观环境影响到学生的主观感受时，是否还有一个幸福的收入，从而提升或降低大学生主观幸福感；客观环境变化和幸福收入二者之间是否还存在一个中介变量？是它在一定程度上决定了大学生主观幸福感的增加或减少。

（三）改进学校工作，提高大学生主观幸福感

不同的目标决定了不同的运行机制，不同的运行机制反映了不同的教育目标。如果高等教育以学生就业为终极目标，那么它的运行机制也将围绕"如何找到一个好的工作"而展开；如果以过上富庶的生活为目标，那么将以教会学生"如何挣到大钱"为中心；如果以构建一个美满的家庭为目标，那么高等教育必须要从家庭经济学、家庭伦理学、遗传学等角度对学生加强教育。面对以上观点，许多教育家肯定会嗤之以鼻，因为现实上我们都不会这样去实施高等教育，同时也说明了高等教育的终极目标远比现实更博大、更深远，那就是幸福。构建新型的高等教育运行机制，首先要以幸福为终极目标，对高等教育目前现状进行分析，取其精华，去其糟粕；其次要加强高等教育运行机制各方面之间关系的研究和构建，以及高等教育同其他方面工作之间关系的研究和构建；最后才能通过不断的实践和改进而构建出一套适合大学生学习幸福、追求幸福、体验幸福的最佳机制。

（四）完善主观幸福感理论模型

主观幸福感研究具有复杂性与持续性，不是一劳永逸的工作；认识和理解幸福感，界定幸福感，进而评定幸福感，是个极为复杂的过程，不可能一蹴而就，只有不断探索、不断前进才能逐渐逼近

主观幸福感的本质。

完善主观幸福感模型，必须在已有模型的基础上，在以下几个方面进行新的探索。

1. 理论基础的扩大。理论性不足，是现有主观幸福感模型的重要缺陷。主要原因是主观幸福感在其理论基础上接近功利主义幸福观，缺乏对涉及理想、意义、价值等变量形成重大幸福感方面的探讨。所以，新的模型将以此为基础，吸纳理性主义幸福观等其它方面的研究成果，扩大主观幸福感的理论基础。

2. 研究方法的综合。主观幸福感研究者重实证、轻思辨，重主观、轻客观，容易造成研究结果的片面性。新的模型将是实证研究和思辨相结合、主观感受和客观事实相结合的统一体。

3. 首先在典型样本中获得验证。本研究将以大学生为样本，进行取样、测试。虽然，这仅是一个探索性的研究，但星星之火，可以燎原，必将为丰富幸福研究提供有力的支持。

二、研究意义

（一）理论意义

历史上哲学、经济学、心理学先后介入了幸福研究，虽著述累累却并未尽得众人满意。哲学的思辨把幸福带到一个道德至上的境界；经济学意义上的幸福关注如何使人获取更大的利益；而心理学对幸福进行实证研究，成果虽然丰富，结论却往往南辕北辙……各种研究都不尽如人意，在这个意义上，把"幸福研究"比喻成社会科学领域中的"歌德巴赫猜想"应不为过。究其原因有二：第一，幸福涉及社会人生的方方面面，一项研究不可能同时有效于诸多领域；第二，幸福是个人的主观心理体验，心理犹如天气一样，不可预料、难以琢磨，如中国古语中有"人心难测""心比天高，命比纸薄"的说法，都从不同侧面说明了这个道理。

我们之所以选择主观幸福感研究，是因为它关注人的情感中的积极部分，包括人的满意度、快乐情绪、积极品质、潜能开发等。这一点与传统心理学关注人的消极情绪、人的弱点截然不同。例如，当前的大学生心理健康教育，关注的重点也是心理中的消极方面，现在高校通用的《症状自评量表——SCL90》，着眼点即在此处。所以，在大学生中开展主观幸福感的研究，是大学生积极心理的研究，是新的研究视角。

当今社会是开放社会，但大学相对独立的特点依然鲜明。学生考入大学后，一年到头的大部分时间都是在一个大院子里生活和学习，周围环境、身边人群都相对稳定。对于学术而言，这是一个难得的研究对象。大学生大多处于 18 - 22 岁的年纪，身体、心理发展日臻成熟，是幸福观形成的重要阶段。综合运用哲学、教育学、心理学、社会学等多种理论和思辨、实证等多种方法针对大学生进行幸福感的研究，必将对丰富幸福感研究理论、深入探讨幸福本质产生重要的价值。

（二）现实意义

自改革开放以来，中国的政治、经济体制不断变革，取得了令世人瞩目的成绩。但在不断的转型过程中，剧烈变化的社会环境使人们的心理活动较之以往任何时期更加复杂，影响幸福感的因素越来越多。竞争的加剧，生活节奏的加快，东西文化的碰撞，价值观念的冲突，贫富差距的拉大，利益格局的调整，很容易造成一些人的心理失衡，进而影响到幸福感。

目前，我国已实现高等教育大众化，但大学里却拥挤异常：上课挤，吃饭挤，住宿挤，甚至下课上厕所挤等等，都会给大学生心理上造成一定的压力。而大学生中有一个庞大的群体——经济困难学生，他们在学业、生活的双重压力下，心理负担可想而知。同时，学习、就业、社交、情感等方面的种种问题，也会给大学生带来前所未有的压力。目前关于大学生心理状况的研究，很多就此而发。

信息化时代同时也造就了多种学习方式。大学生利用青春无敌的头脑从网络等方方面面学得知识，相比之下，有一些课堂上所学的东西就显得过于滞后和陈旧，使部分学生很不满足，大学对部分学生的吸引力似乎只剩下"毕业文凭"这一纸证书。但想到即使拿到毕业证书，那日趋严峻的就业形势又会使得大学生对前途忧心忡忡。综合以上情况，加强大学生幸福感的研究就显得十分必要了。

首先，幸福研究有助于塑造大学生健康人格，加强潜能开发。人格是在遗传的基础上经由社会化获得的，具有内在统一性和相对稳定性的个人特质结构，是人的思想和行为的综合。心理研究发现，优秀大学生确实具有一些共同的"成功者的人格品质"，即较高的理想、责任感、明确的学习目的、较强的自信心与自律性、稳定的情绪、广泛的兴趣、健康的心理等[①]。健康的人格不是与生俱来的，而是在环境和教育的影响下逐渐形成的，因此具有可塑性。加强大学生幸福研究可以使大学生认识和改造自身人格发展中存在的不足与缺陷，帮助大学生适应社会，塑造出全新的健康人格模式，最大程度发挥其潜能。而潜能的开发及其才能的发挥又会反过来提高其主观幸福感。

其次，通过大学生幸福感的研究可以优化教育内容。目前，我

---

① 樊富珉. 大学生心理健康教育研究［M］. 北京：清华大学出版社，1993：148 - 169.

国各大学的培养目标基本还定位在掌握知识技能、促进学生就业上，很少针对学生如何体验幸福、追求幸福开展教育。因此大学教育目标的功利化趋势势必会造成学生幸福观的功利化倾向。比如，何瑛的研究表明，约51.1%的学生认为"有钱"是衡量自己幸福感第一位的指标①；李焰、赵君的研究也认为，一部分大学生陷入了幸福观的误区，其中，幸福观的拜金主义倾向最为严重②；而朱国文等人的研究表明，有97.77%的大学生把有一个美满的家庭当作幸福的第一标准③。可见，大学生对幸福的理解并非按照我们期望的方向发展。这就需要我们实施以幸福为终极目标的教育，帮助学生正确认识自我，建立自爱、自尊、自信、自强的自我意识，拥有积极乐观的人生态度，了解社会发展的本质规律。总而言之，通过幸福研究可以使我们的教育目的更深邃、教育内容更有针对性。

再次，通过大学生幸福感的研究有利于加强和谐校园的建设。和谐是当前社会发展的主题，更是校园文明建设的主旋律。如果大学生都树立了正确的幸福观，了解了幸福的生成机制、影响因素，掌握了追求幸福的原则，那么，我们的校园将是一种健康文明、师生互敬，规则与情谊共存、竞争与礼让彰显，团结和睦、和谐共乐的校园。在中国近现代史上，大学自诞生以来，既是科技学术的重镇，又是精神文明的摇篮，同时还是社会和政治稳定的重要因素。和谐校园的建设势必会对和谐社会的建设做出重要贡献。

---

① 何瑛. 重庆大学生主观幸福感状况及其影响因素 [J]. 重庆师专学报, 2000: 19 (2). 35–38.

② 李焰, 赵君. 大学生幸福感及其影响因素的研究 [J]. 清华大学教育评论, 2005: 26 (增1). 172.

③ 朱国文. 我国大学生主观幸福感状况及影响因素研究 [J]. 长春工业大学学报 (高教研究版), 2005: 26 (3). 67.

第二章

研究设计与问卷的编制

第一节　研究设计

一、研究框架

文献研究发现，主观幸福感可能由两部分组成：一是幸福储备，由个人的遗传、社会背景等决定；这些因素比较稳定，决定了主观幸福感的基本值；二是幸福收入，指一个人在特定的时间里，由于情境变化而导致的幸福感的变化。个体体验到的主观幸福感是"幸福储备"与"幸福收入"之间加和的结果。

用实现论的观点分析，大学生主观幸福感来自于预定目标的实现，其中隐含着对需要、理想、愿望的满足。从大的方面来讲，大学生的需求有两个：成长需求和成才需求。学校工作的目标之一即是服务于大学生的成长与成才，这与大学生此阶段的目标是基本是一致的。因此，学校工作对大学生成长成才需求的满足或者说大学生对学校工作的满意度构成了大学生主观幸福感形成的重要归因。

　　欲研究学校工作对大学生主观幸福感的影响，首先要了解除学校工作以外大学生主观幸福感的基本（稳定）值。从遗传论的观点看，大学生的主观幸福感一定程度上取决于个人的先天基因和人格，而情境变化的影响可以使其上升或下降。将实现论和遗传论结合起来，我们做出这样的基本假设：学校工作提供了大学生的幸福收入，而背景变量（学校工作以外的主要因素）决定了一个人的幸福储备。当然，幸福储备可以是高水平的也可以是低水平的，幸福收入可以是正值也可能是负值（见图2.1）。

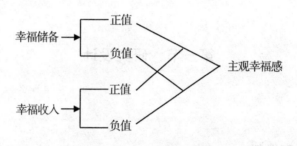

图2.1　幸福储备与幸福收入

　　学校工作主要包括教学工作、学生工作、后勤工作等维度。学校工作作用于大学生，进而对主观幸福感的四个维度产生影响，从而产生幸福收入。学校工作对于大学生主观幸福感的作用如下（见图2.2）：

　　因为学校工作体系较为复杂，所以在本研究中，只选择其中的教学工作和学生工作进行研究，其他如后勤工作等在今后研究中再涉及。

　　在研究幸福储备之前，有必要把背景变量这个概念界定清楚。何为背景变量，主要包括家庭背景、学校背景等变量。之所以假设这些变量作用产生了幸福储备，主要是为了区别学校工作作用产生

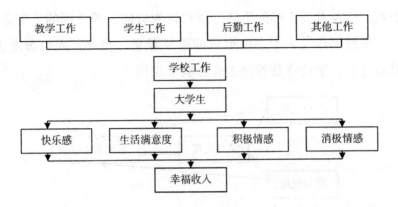

图 2.2 学校工作与幸福收入

的幸福收入。在本研究中，背景变量是幸福储备的主要变量，我们选择家庭背景和学校背景两个维度来揭示背景变量与主观幸福感之间的关系（见图 2.3）。

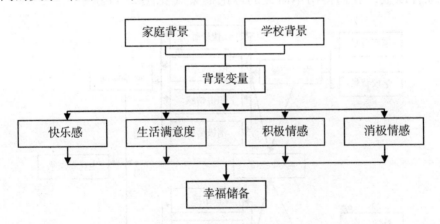

图 2.3 背景变量与幸福储备

根据认知论，主观幸福感本质上是一种比较判断的结果，即认知的结果；根据前文所述，认知关键在于个体的人生态度，它包括世界观、人生观、价值观以及生活习惯、行为取向等。

学校工作的重要目标是帮助大学生树立正确的世界观、人生观、

41

价值观，以及养成正确的生活习惯和行为取向，即正确的人生态度。所以，学校工作是人生态度形成的重要源泉。当然，人生态度也受到家庭背景、学校背景等因素的影响（见图 2.4）。

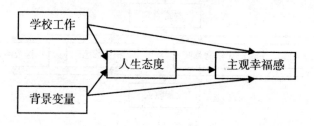

图 2.4 大学生主观幸福感的形成机制

人生态度是一个非常复杂的社会学、心理学概念，目前尚无成熟的量表提供使用。我们将通过科学的方法、编制量表进行测量。综合以上，我们得出本研究的理论框架（见图 2.5）。

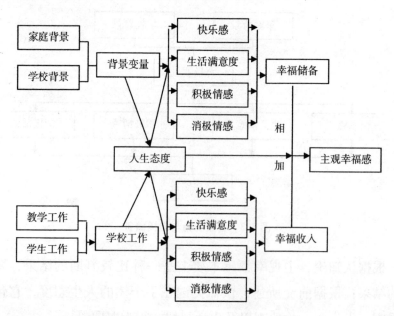

图 2.5 大学生主观幸福感研究的理论框架

二、主要变量说明

本研究理论框架中的各个变量的定义，是根据研究的动机和目的，并参考了相关的文献分析出来的。各个变量均来自原始问卷所设计的问题答案及其分类，简述如下。

（一）学校工作。学校工作是综合的、立体的、多样的。从条的角度，可分为教学工作、科研工作、学生工作、后勤工作、人事工作、党务工作等；从块的角度，可分为机关工作、院系工作；从层次的角度，可分为领导工作、中层工作和基层工作；从工作对象的角度，可分为教师工作、学生工作……根据研究设计，我们选择与大学生主观幸福感关系密切的教学工作、学生工作作为变量，进而探索它们与大学生主观幸福感之间的关系。

（二）主观幸福感

主观幸福感是指主体对已有的生活状态正是自己心目中理想的生活状态的一种正向感受。

1. 主观幸福感的主要特点

（1）主观性。尽管研究者能从外部规定许多关于幸福的标准，但主观幸福感却因个体的人生态度不同而不同。因此，主观幸福感的标准是依据个体的自律标准而非他律标准来进行评价的。当然，自律标准受他律标准的影响。

（2）稳定性。主观幸福感与个体心境有关，包括愉快和不悦的心境等。但是，主观幸福感涉及的是长时间、而非短时间的心境。因为短时间的心境随着事件而变化，只有长时间心境，才能反映出个体生活满意的程度。

（3）综合性。主观幸福感是对生活及其环境的评价，这种评价以认知和情感的形式产生。当一个人对生活及其环境做出评价时，认知活动便发生了；当一个人体验到愉快或不悦的心境时，情感活动便发生了。由此可见，主观幸福感是认知与情感交互作用的一种评价。

2. 主观幸福感的结构

主观幸福感的认知维度涉及对生活的满意度，是对个人生活经历的认知评价。生活的满意度又可细分为整体生活满意度和特殊生活满意度，整体生活满意度是对个人生活质量的总体评价，特殊生活满意度是对不同生活领域的具体评价。前者涉及"实现生活理想""生活条件很好"等，后者涉及诸如工作、家庭等。本研究只采用整体生活满意度进行研究（见表2.1）。

表2.1　主观幸福感的结构

快乐感	认知维度	情感维度	
	整体生活满意度	积极情感	消极情感
经常快乐	实现生活理想	愉快	不愉快
去年快乐	生活条件很好	幸福	难过
昨天快乐	对自己生活满意	振奋	生气
现在悲观	已得到想得到的重要东西	自豪	负罪感
现在快乐	生活不会做任何改变	感激	羞愧
		爱	担心
			压力
			忌妒

资料来源：Ed Diener, Eunkook MS, Richard E et al. subjective well – being：Three Dceades of Progress［J］. Psychology Bulletin, 1999（2）：276 – 294.（根据《国际大学生调查》有修改）

主观幸福感的情感维度是由积极情感和消极情感两个不同的维度构成。一般认为，积极情感增加一个人的主观幸福感，消极情感降低一个人的主观幸福感，主观幸福感是积极情感和消极情感这两种对立而同样重要的、彼此独立的情感之间的平衡①。积极情感和消极情感相对独立，其影响因素并不相同，而且在积极情感上的得分并非预示其在消极情感上必须减分，反之亦然（见表2.1）。

具体到本研究，大学生主观幸福感不仅与总体生活有关，同时也涉及特定的生活内容，尤其是大学生活中的内容，例如，学业状况、人际关系、情感状况等。学校工作主要是服务于大学生的成长与成才，学校工作的效果如何，在一定程度上能够作为大学生主观幸福感的预测指标。所以，在本研究中，主要考察学校工作各方面与大学生快乐感、生活满意度、积极情感和消极情感之间的关系。

需要指出的是，关于快乐感和主观幸福感的关系，前人对此有两种说法：第一，快乐感是主观幸福感的一个维度；第二，快乐感就是主观幸福感。本研究暂时将这个争论搁置，假定快乐感是主观幸福感的一个维度，在后面研究中给予论证。

（三）人生态度

所谓态度，是指对客体的一种喜欢与不喜欢的评价性反应，它在人们的信念、情感和倾向性行为中表现出来②。迈尔斯（Myers）还认为，分析态度时，要涉及三个维度即认知、情感和行为意向。一般情况下，三个维度是协调一致的。但有时候，三者也会发生不一致的情况，这时，情感因素起主要作用。关于态度与行为的关系，也有社会心理学家指出，态度并非是总预示着人们实际上将采取如何行动的准确指标，只有当态度容易获得或者比较具体的时候，态

---

① 苗元江，余嘉元. 大学生幸福感研究与思考究 [J]. 青少年研究，2003（1）：9.

② Myers, D. G. Social psychology [M]. New York: McGraw‐Hill, 1993.

度与行为之间才会有着比较强的纽带联系①。

我们之所以选择态度作为研究变量，既关注态度与行为之间的互相影响，更加关注它与认知、情感之间的密切关系。有心理学家指出，态度是社会心理学研究中的一个中介变量。所谓中介变量（intervening variable，简称 I. V.）乃是指它不是可触摸的具体客体，而是一种假设的建构，可以推断出，但无法直接观察。例如，当学生在孜孜攻读时，当学生在刻苦训练时，当学生在参观画展时，我们可以看到态度所引起的效果，但却看不到态度本身。在本研究中，我们既要探求态度与大学生主观幸福感的直接关系，又要研究态度在学校工作与大学生主观幸福感之间的中介作用。

人生态度是个体以自己的世界观、人生观、价值观为基础，对客观世界的积极或消极评价以及与此相关的生活习惯和行为取向。本研究选择了大学生成长过程中最关心的几个问题来考察其人生态度。这些问题包括：对"大学生活""金钱""能力""人际关系""自我"的观点和看法等（见附录1）。从这些问题中，可以折射出当代大学生对大学生活的态度、对金钱的态度、对社会的态度、对自我的态度、对未来的态度，而这些人生态度正是大学生获得主观幸福感的重要因素。

三、研究方法

（一）研究样本

本研究在 A 大学下设的 C 系、X 系、S 系、F 系、Y 系、W 系、L 校区进行问卷调查。

---

① ［美］理查德·格里格，菲利普·津巴多. 心理学与生活［M］. 北京：人民邮电出版社，2003：494 – 501.

本研究调查时间是 2007 年 3 月。采用分层等距抽样的方法，共发放问卷 1039 份，收回问卷 1008 份，清洗后的有效样本数为 913 份。有效样本分布如下：①男生 665 人，女生 248 人；②汉族 855 人，少数民族 58 人；③党员 103 人，团员 787 人，群众 23 人；④学生干部 342 人，非学生干部 571 人；⑤W 系 47 人，C 系 44 人，X 系 83 人，S 系 192 人，F 系 154 人，Y 系 95 人，L 区 298 人；⑥大一学生 321 人，大二学生 256 人，大三学生 190 人，大四学生 146 人；⑦北京生源学生 333 人，外地生源学生 580 人；⑧入学前来自大中城市学生 486 人，来自县城学生 208 人，来自乡镇学生 72 人，来自农村学生 147 人。

（二）问卷施测

培训调查员，采用集体施测方式，调查时研究者和助手亲临教室，在进行问卷调查前，先向被试者简单介绍调查的目的及填答问卷时的注意事项。在一周内，按院（系）分别组织调查对象在规定时间内回答问卷，最大程度地控制了问卷的有效性。

（三）材料与工具

采用《高等学校大学生调查问卷》《学校工作满意度问卷》《主观幸福感量表》和《人生态度调查问卷》对被试者进行调查。另外采用访谈法，对有关师生进行访谈。数据采用 SPSS 和 LISREL 软件进行统计分析。

第二节 问卷编制及其信效度分析

由前所述，大学生主观幸福感结构上包括四个方面，来源于三个途径，受三个方面因素影响。测量主观幸福感结构的问卷可采用美国心理学家狄纳教授（Diener）等人编制的《国际大学生调查》量表，此表由华南师范大学郑雪教授等人修订；测量大学生人口学变量和人生态度采用北京大学李文利教授编制的《学生状况调查》问卷，以上问卷已被国内外多项研究证实有较好的信度和效度。本研究拟根据 A 大学实际，编写《学校工作满意度》问卷。另外，还会选取被试进行访谈。

一、问卷的编制

（一）《学校工作满意度》问卷的编制

1. 项目形成

为加强《学校工作满意度问卷》的理论构想与实际情况的适宜性，本研究首先对 A 大学一名教务人员和一名学生工作人员进行访谈。结合笔者所了解的实际情况，归纳出该校教学工作范围为教学方法、教学管理、教学实践、教学质量等；学生工作范围为学风建设、思想政治教育、社会实践、评优表彰等。结合这些信息进行了问卷的初步编制。题目为 5 点量表，分数越高，评价越高。

2. 取样测试

问卷初步编写完成后，进行取样测试。被试者是来自于接受 A 大学心理健康咨询与辅导中心集体心理辅导的学生，其中女生 58 人，男生 19 人。被试情况见表 2.2。

3. 研究程序

根据确立《学校工作满意度》问卷的理论构想，编制了 50 个题目的问卷，以被试群体为样本进行项目分析和探索性因素分析，删减调整题目，形成正式的《学校工作满意度》问卷（见附录 1）。整个测验用时约为 15 分钟，间隔 2 个月后又对部分学生进行了重测，以获取重测信度。

表 2.2 被试群体的基本情况（n=77）

		年级				总人数
		大一	大二	大三	大四	
院系	W 系	24	0	0	1	25
	C 系	0	2	4	0	6
	X 系	0	2	1	5	8
	S 系	0	5	5	3	13
	Y 系	0	12	7	6	25
总人数		24	21	17	15	77

（二）问卷修订

1. 本研究采用的《大学生状况调查》，原为北京大学李文利教授编制，包括个人和家庭信息、现在就读专业情况、读大学期间的经济来源和支出情况、就业情况以及态度和认同五个部分。本研究只采用了个人和家庭信息以及态度和认同两个部分，并删减了部分条目，形成两套问卷：《高等学校大学生调查问卷》和《人生态度调查问卷》。其中，《高等学校大学生调查问卷》内容包括个人的基本资料，如年龄、性别、家庭所在地、生源、政治面貌、年级等；《人生态度调查问卷》共分为两部分，一为"高可获得"态度，即与行动之间联系最为紧密的态度，共 8 个条目，为 5 点量表，被试者选择从 1 到 5 表示符合度加强；一为"低可获得"态度，即与行动之间联系不紧密的态度，共 4 个条目，为 5 点量表，被试者选择从 1 到 5 表示同意度提高（见附录1）。

2. 本研究采用的《主观幸福感量表》，原为美国心理学家狄纳

（Diener）等人编制的《国际大学生调查》量表，包括个人基本资料（年龄、性别等）、快乐感、生活满意度、积极情感、消极情感、外在准则、自我体验七个部分。本研究只采用了快乐感、生活满意度、积极情感、消极情感四个单维度量表，更名为《大学生主观幸福感问卷》。其中，快乐感量表为9点量表，要求被试者从5个方面评价自身的快乐程度，选项从1到9快乐程度不断加深；生活满意度量表为7点量表，要求被试者从5个方面评价对本人总体生活的态度，选项从1到7满意度不断提高；情感量表共14个条目，其中积极情感和消极情感分别包含6个和8个条目，为9点量表，选项从1到9分别表示积极情感和消极情感逐渐增高（见附录1）。

二、效度、信度分析

运用 SPSS 软件对数据进行项目分析和探索性因素分析。

（一）项目分析

以《学校工作满意度问卷》总分最高的27%和最低的27%作为高分组与低分组界限，求出两组被试者在每题得分的平均数差异，将没有达到显著水平的题目剔除。计算每个题目与总分之间的相关，将相关较低（r<0.3）的题目剔除。项目分析后保留19个题目。

（二）探索性因素分析

1.《人生态度调查问卷》

对施测的12个题目进行球形 BartletT 检验，结果显著（$\chi2 = 1298.049$，$p=0.000$），并且 KMO=0.675 表示适合进行因素分析。采用主成分法对问卷进行初步分析，发现特征值大于1的因素有5个，可解释总变量的63.022%。通过碎石图（图2.6）发现，前三个特征值有一个陡降，从第四个因素开始变得比较平缓，每个因素对累积的解释总变异的百分比增加很少，分别抽取 3、4 因子数进行结果比较，发现 3 因子量表比较合理，故决定抽取 3 个因子。接着，将这 3 个因子进行极大方差旋转，旋转后的各项目负荷均在 0.63 以上，具体数值见表 2.3 与表 2.4。根据探索性分析的结果将《人生态度调查问卷》分为 3 个因子，根据每个因子所包含的项目可对其命名如下：

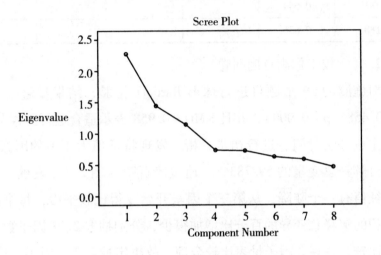

图 2.6 人生态度因素分析

因子一：自卑态度，包含 4 个项目。

因子二：积极态度，包含 2 个项目。

因子三：自信态度，包含 2 个项目。

表 2.3 人生态度调查问卷的特征根、方差贡献率和累积方差贡献率

	特征根	方差贡献率（%）	累积方差贡献率（%）
因子一	2.466	20.549	20.549
因子二	1.464	12.198	32.747
因子三	1.451	12.091	44.838
因子四	1.177	9.805	54.644

表2.4　人生态度调查问卷的旋转因子负荷矩阵

因子一		因子二		因子三	
项目	负荷	项目	负荷	项目	负荷
T82	0.795	T87	0.820	T85	0.810
T83	0.780	T86	0.784	T84	0.806
T81	0.644				
T80	0.636				

2. 《学校工作满意度问卷》

对施测的19个题目进行球形BartletT检验,结果显著($\chi2$ = 11940.458, $p = 0.000$),并且KMO $= 0.958$表示适合进行因素分析。采用主成分法对问卷进行初步分析,发现特征值大于1的因素有4个,可解释总变量的59.783%。通过碎石图(图2.7)发现,前二个特征值有一个陡降,从第三个因素开始变得比较平缓,每个因素对累积的解释总变异的百分比增加很少,分别抽取2、3因子数进行结果比较,发现2因子量表比较合理,故决定抽取2个因子。接着,将这2个因子进行极大方差旋转,旋转后的各项目负荷均在0.44以上,具体数值见表2.5与表2.6。根据探索性分析的结果可以将《学校工作满意度问卷》分为2个因子,根据每个因子所包含的项目可对其命名如下:

因子一:教学工作,包含8个项目。

因子二:学生工作,包含11个项目。

表2.5　学校工作满意度调查问卷的特征根、方差贡献率和累积方差贡献率

	特征根	方差贡献率(%)	累积方差贡献率(%)
因子一	10.477	43.654	43.654
因子二	1.581	6.589	50.243

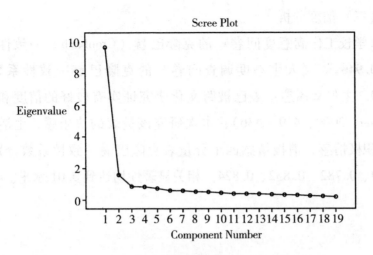

图 2.7　学校工作因素分析

表 2.6　学校工作满意度调查问卷的旋转因子负荷矩阵

因子一		因子二	
项目	负荷	项目	负荷
T98	0.825	T112	0.748
T97	0.797	T111	0.729
T99	0.784	T110	0.717
T100	0.771	T109	0.697
T96	0.771	T106	0.678
T101	0.734	T107	0.664
T95	0.684	T114	0.628
T102	0.674	T109	0.621
T103	0.504	T113	0.620
T115	0.443	T105	0.606
		T108	0.444

（三）信度分析

《学校工作满意度问卷》的克隆巴赫（Cronbach）一致性系数为：0.946。《人生态度调查问卷》的克隆巴赫一致性系数为：0.750。主观幸福感量表已被跨文化研究证实有较好的信度和效度（Diener，2000，419－436）；本次研究该量表的快乐感、生活满意度、积极情感、消极情感四个分量表克隆巴赫一致性系数分别为：0.849、0.782、0.832、0.824。相关显著性均达到0.01水平。

第三章

幸福储备——背景变量与大学生
主观幸福感

在过去的半个世纪中，西方主观幸福感的研究经历了两个阶段——描述阶段和理论构建阶段①。在描述阶段，主要探讨人口学变量和环境对主观幸福感的影响；研究者习惯以客观指标如社会经济地位、教育水平、年龄等因素作为评估主观幸福感的依据，希望由个人外在的状况来推论其感受幸福的程度，这类研究根据样本的不同常会得到大相径庭甚至自相矛盾的结果。

本研究之所以不放弃人口学变量，主要原因有二：第一，我们认为，样本不同造成结果不同是研究的一种常态，反映出主观幸福感研究是一个复杂的系统；第二，本研究中，我们将人口学变量和环境变量作为背景变量的重要组成部分即幸福储备来研究；如果背景变量对大学生主观幸福感的影响很小，就加强了对背景变量就是幸福储备这个假设的证明；这时，便可以把它当作一个常量而突出学校工作即幸福收入对大学生主观幸福感的影响。

本研究中，由于背景变量比较多，简化起见，只从家庭背景和学校背景两个角度进行分析。

---

① Diener E, Lucas E, Oishi S. Subjective Well – Being [J]. Snyder C, Shane J. Handbook of positive psychology [C], New york：Oxford University Press, 2002.

第一节 大学生主观幸福感在家庭背景上的差异分析

家庭背景变量包括"性别""父亲教育程度""母亲教育程度""父亲工作状况""母亲工作状况""家庭经济状况""城乡差异""生源"等。

一、不同家庭背景大学生主观幸福感的比较

（一）以主观幸福感各维度得分为因变量，分别对"家庭背景"中"性别"和"生源"两变量进行独立样本 T 检验，得结果见表 3.1。

表 3.1　性别、生源对大学生主观幸福感影响 T 检验分析摘要表

主观幸福感	家庭背景	因子	样本	平均值	T
快乐感	性别	女	658	5.8657	2.543*
		男	246	5.5756	
	生源	北京	331	5.8054	0.279
		外地	573	5.7759	
生活满意度	性别	女	665	4.9468	2.130*
		男	246	4.7321	
	生源	北京	333	4.9683	1.346
		外地	578	4.8430	
积极情感	性别	女	661	5.5893	4.038***
		男	246	5.1531	
	生源	北京	330	5.4939	0.386
		外地	577	5.4578	

续表

主观幸福感	家庭背景	因子	样本	平均值	T
消极情感	性别	女	644	3.5497	-2.554^*
		男	242	3.7769	
	生源	北京	329	3.6360	0.469
		外地	557	3.5974	

$*p<0.05$　　$**p<0.01$　　$***p<0.001$

注：在本文中，$*p<0.05$ 代表显著，$**p<0.01$ 代表很显著，$***p<0.001$ 代表极其显著。以下同。

采用 T 检验，在主观幸福感四个维度上，男女之间的差异都达到了显著水平。其中，在快乐感、生活满意度、积极情感三个纬度上，女生得分平均值高于男生，在消极情感纬度上，女生得分平均值低于男生；而北京和外地生源之间的差异没有达到显著水平，但值得关注的是北京生源的快乐感、生活满意度、消极情感得分平均值高于外地生源，但在积极情感上得分却低于外地生源。

（二）以主观幸福感各维度得分为因变量，分别对"家庭背景"中除"性别"和"生源"外各变量进行单因素方差分析，得结果见表3.2。

表3.2　家庭背景（不包括"性别"和"生源"）对大学生
主观幸福感影响方差分析摘要表

主观幸福感	家庭背景	均方	F
快乐感	父亲教育	2.866	1.219
	母亲教育	4.226	1.803
	父亲工作	3.608	1.544
	母亲工作	3.477	1.485
	家庭经济	5.555	2.383^*
	城乡差异	1.163	0.495

续表

主观幸福感	家庭背景	均方	F
生活满意度	父亲教育	2.782	1.524
	母亲教育	3.298	1.807
	父亲工作	5.255	2.937**
	母亲工作	5.659	3.177**
	家庭经济	9.678	5.372***
	城乡差异	10.587	5.868**
积极情感	父亲教育	2.180	1.185
	母亲教育	2.109	1.145
	父亲工作	2.235	1.221
	母亲工作	2.380	1.295
	家庭经济	2.199	1.203
	城乡差异	1.747	0.953
消极情感	父亲教育	2.260	1.627
	母亲教育	2.933	2.116*
	父亲工作	2.744	1.982*
	母亲工作	1.998	1.428
	家庭经济	2.096	1.498
	城乡差异	0.727	0.518

* $p < 0.05$ ** $p < 0.01$ *** $p < 0.001$

1. 对快乐感的影响。只有"家庭经济"对快乐感影响显著；进一步分析表明（见图 3.1）：家庭经济状况很差的学生反而快乐感最高，较好、较差、一般、很好依次排列。

2. 对生活满意度的影响。"父亲工作""母亲工作""家庭经济""城乡差异"皆对生活满意度影响显著。进一步分析表明（见图 3.2、图 3.3、图 3.4、图 3.5）：

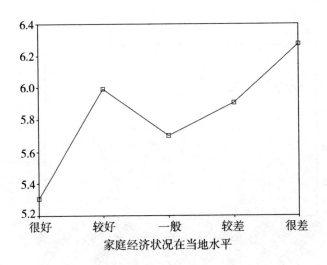

图 3.1 大学生家庭经济状况在快乐感上的得分

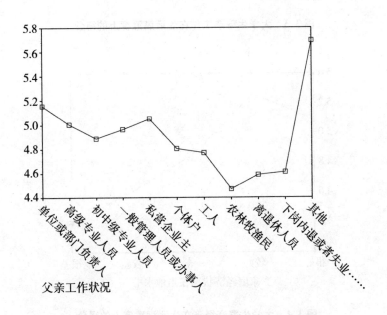

图 3.2 大学生父亲工作在生活满意度上的得分

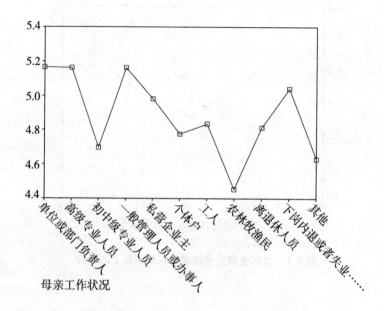

图3.3 大学生母亲工作在生活满意度上的得分

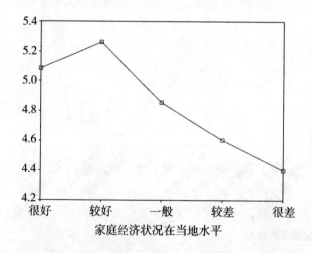

图3.4 大学生家庭经济在生活满意度上的得分

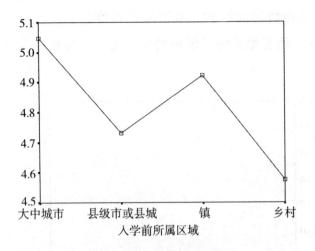

图 3.5　大学生入学前所属区域在生活满意度上的得分

（1）除了其他外，"父亲工作"为单位或部门负责人的学生生活满意度最高，私营企业主、高级专业人员、一般管理人员、初中级专业人员、个体户、工人、下岗内退或离退休、农林牧渔民依次排列。

（2）"母亲工作"对大学生生活满意度的影响依次为单位或部门负责人、高级专业人员、一般管理人员、下岗内退人员、私营企业主、工人、离退休人员、个体户、初中级专业人员、其他、农林牧渔民依次排列。

（3）"家庭经济"较好的学生生活满意度最高，其余依次为很好、一般、较差、很差。

（4）入学前来自于大中城市的学生生活满意度最高，其余依次为镇、县级市或县城、乡村。

3. 对积极情感的影响。从因变量角度分析，六个自变量都不能显著影响积极情感。

4. 对消极情感的影响。从因变量角度分析，"父亲工作"和"母亲教育"显著地影响了消极情感。进一步分析表明（见图3.6，图3.7）：

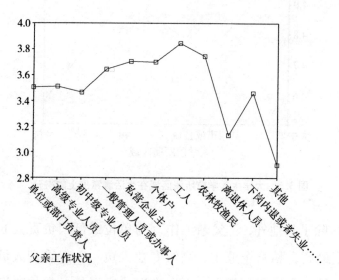

图3.6 大学生父亲工作在消极情感上的得分

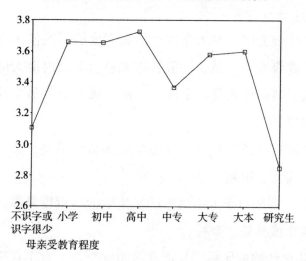

图3.7 大学生母亲教育在消极情感上的得分

（1）"父亲工作"为工人的大学生消极情感最高，其余依次为农林牧渔、私营企业主、个体户、一般办事员、高级专业人员、单位或部门负责人、初中级专业人员、下岗人员、其他。

（2）"母亲教育"为高中的大学生消极情感最高，其余依次为小学、初中、大本、大专、不识字或很少识字、中专、研究生。

二、家庭背景各变量对主观幸福感各维度变异的解释力

根据表3.1、表3.2，选择其中对大学生主观幸福感各维度影响显著的变量，分别以快乐感、生活满意度、积极情感和消极情感为因变量，以选择出的这些变量为自变量进行回归分析，结果见表3.3。

表 3.3 家庭背景对大学生主观幸福感各维度影响回归分析摘要表

主观幸福感	家庭背景		标准化回归系数		决定系数 R^2	F
快乐感	性　别		女 =1 男 =0	0.085 *	0.007	6.467 *
生活满意度	性　别		女 =1 男 =0	0.070 *	0.005	4.536 *
	父亲工作	高级专业人员	是 =1 否 =0	− 0.023	0.030	2.810 **
		初中级专业人员	是 =1 否 =0	− 0.038		
		一般管理人员	是 =1 否 =0	− 0.041		
		私营企业主	是 =1 否 =0	− 0.013		
		个体户	是 =1 否 =0	− 0.082 *		
		工人	是 =1 否 =0	− 0.087 *		
		农林牧渔民	是 =1 否 =0	− 0.158 ***		
		离退休人员	是 =1 否 =0	− 0.066		
		下岗内退	是 =1 否 =0	− 0.070 *		
		其他	是 =1 否 =0	0.052		
	母亲工作	高级专业人员	是 =1 否 =0	0.010		
		初中级专业人员	是 =1 否 =0	− 0.079 *		
		一般管理人员	是 =1 否 =0	0.014		

续表

主观幸福感	家庭背景		标准化回归系数		决定系数 R^2	F
生活满意度	性　别		女 = 1 男 = 0	0.070 *	0.005	4.536 *
	母亲工作	私营企业主	是 = 1 否 = 0	-0.016	0.033	3.030 **
		个体户	是 = 1 否 = 0	-0.081		
		工人	是 = 1 否 = 0	-0.063		
		农林牧渔民	是 = 1 否 = 0	-0.172 ***		
		离退休人员	是 = 1 否 = 0	-0.053		
		下岗内退	是 = 1 否 = 0	-0.013		
		其他	是 = 1 否 = 0	-0.042		
	家庭经济	较好	是 = 1 否 = 0	0.056	0.023	5.365 ***
		一般	是 = 1 否 = 0	0.232 **		
		较差	是 = 1 否 = 0	0.144		
		很差	是 = 1 否 = 0	0.037		
	城乡差异	大中城市	是 = 1 否 = 0	0.174 ***	0.019	5.868 **
		县城	是 = 1 否 = 0	0.048		
		乡镇	是 = 1 否 = 0	0.069		
积极情感	性　别		女 = 1 男 = 0	0.143 ***	0.021	18.967 ***
消极情感	性　别		女 = 1 男 = 0	-0.086 *		
	父亲工作	高级专业人员	是 = 1 否 = 0	-0.004	0.021	1.916 *
		初中级专业人员	是 = 1 否 = 0	-0.012		
		一般管理人员	是 = 1 否 = 0	0.034		
		私营企业主	是 = 1 否 = 0	0.035		
		个体户	是 = 1 否 = 0	0.050		
		工人	是 = 1 否 = 0	0.088 *		
		农林牧渔民	是 = 1 否 = 0	0.060		
		离退休人员	是 = 1 否 = 0	-0.055		
		下岗内退	是 = 1 否 = 0	-0.010		
		其他	是 = 1 否 = 0	-0.068 *		

*　$p < 0.05$　　**$p < 0.01$　　***$p < 0.001$

注：1. 由于家庭背景中各变量多为类别变量，不能直接进行回归分析，本研究将之转换为虚拟变量，投入到回归中进行分析；其中，参照组的选择为：性别（男），父亲工作（单位或部门

负责人），母亲工作（单位或部门负责人），家庭经济（很差），城乡差异（乡村）。

2. 根据表 3.2，母亲教育对大学生消极情感影响显著，但通过虚拟变量的建构，在进行回归分析时，数个虚拟变量均未达到显著水平。

从表 3.3 可见，家庭背景各变量对快乐感、生活满意度、积极情感、消极情感所起的预测作用是不一致的。我们对差异显著的变量进行进一步的归纳。

（一）"性别"分别可解释主观幸福感各维度得分变异的 0.7% 、0.5% 、2.1% 、0.7% 。

（二）"父亲工作"分别可解释生活满意度、消极情感变异的 3.0% 、2.1% 。

（三）"母亲工作"可解释生活满意度变异的 3.3% 。

（四）"家庭经济"可解释生活满意度变异的 2.3% 。

（五）"城乡差异"可解释生活满意度变异的 1.9% 。

三、家庭背景各变量对于主观幸福感的重要性

从表 3.3 得出家庭背景各变量解释大学生主观幸福感各维度的相对重要性顺序。

（一）快乐感："性别"。

（二）生活满意度："母亲工作""父亲工作""家庭经济""城乡差异""性别"。

（三）积极情感："性别"。

（四）消极情感："父亲工作""性别"。

第二节　大学生主观幸福感在学校背景上的差异分析

学校背景变量包括"年级""院系""政治面貌""学生干部""高中学习成绩"和"当前学习成绩"等。

一、不同学校背景大学生主观幸福感的比较

（一）以主观幸福感各维度得分为因变量，对"学生干部"进行独立样本 T 检验，得结果见表3.4。

表3.4　学生干部对大学生主观幸福感影响 T 检验分析摘要表

主观幸福感	学校背景	类别	样本	平均值	T
快乐感	学生干部	是	339	5.8572	1.073
		否	565	5.7444	
生活满意度	学生干部	是	342	4.9496	1.051
		否	569	4.8523	
积极情感	学生干部	是	339	5.6116	2.423*
		否	568	5.3870	
消极情感	学生干部	是	336	3.6540	0.831
		否	550	3.5859	

* $p < 0.05$　　**$p < 0.01$　　***$p < 0.001$

T 检验表明，积极情感存在"学生干部"上的显著差异。学生干部的积极情感得分显著高于非学生干部；同时，学生干部在快乐感和生活满意度上的得分同样高于非学生干部。但是值得关注的是，学生干部在消极情感上的得分也高于非学生干部。

（二）以主观幸福感各维度得分为因变量，分别对"学校背景"除"学生干部"外各变量进行单因素方差分析，得出结果见表3.5。

表3.5 学校背景（不包括学生干部）对大学生
主观幸福感影响方差分析摘要表

主观幸福感	学校背景	均方	F
快乐感	年　级	2.689	1.148
	院　系	7.518	3.257**
	政治面貌	0.638	0.272
	高中成绩	1.274	0.996
	当前成绩	2.629	1.595*
生活满意度	年　级	5.210	2.860*
	院　系	7.396	4.118***
	政治面貌	0.199	0.108
	高中成绩	1.406	1.106
	当前成绩	1.179	0.691
积极情感	年　级	0.450	0.245
	院　系	1.174	0.639
	政治面貌	3.851	2.105
	高中成绩	1.309	1.023
	当前成绩	2.219	1.331
消极情感	年　级	1.407	1.005
	院　系	3.806	2.749*
	政治面貌	1.595	1.139
	高中成绩	1.034	0.806
	当前成绩	2.281	1.397*

* $p < 0.05$　　**$p < 0.01$　　***$p < 0.001$

1. 对快乐感的影响。

（1）"院系"对快乐感影响很显著。进一步分析表明（见图3.8）：C系学生快乐感最高，W系、L区、S系、F系、Y系依序次之，X系快乐感最低。

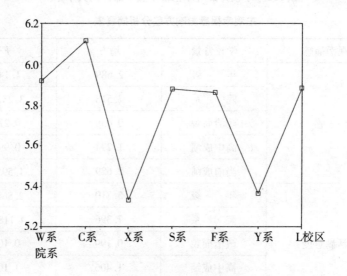

图3.8 大学生院系在快乐感上的得分

（2）年级、年龄对快乐感影响皆不显著。

（3）大学生当前成绩对快乐感影响显著，进一步分析表明（见图3.9）：目前成绩在班级所属名次前10%者快乐感最高，前11%—25%、中51%—75%、前26%—50%、后25%者依次排列。

2. 对生活满意度的影响。大学生"年级""院系"对生活满意度影响显著，进一步分析表明（见图3.10，图3.11）：

（1）大一学生生活满意度最高，大三、大二依序下降，大四最低。

（2）W系学生生活满意度最高，L区、F系、C系、S系、Y系依序下降，X系最低。

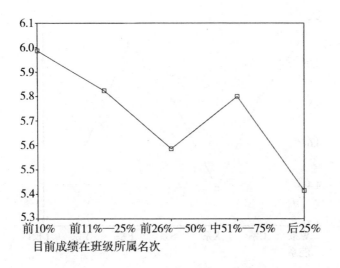

图3.9 大学生当前成绩在快乐感上的得分

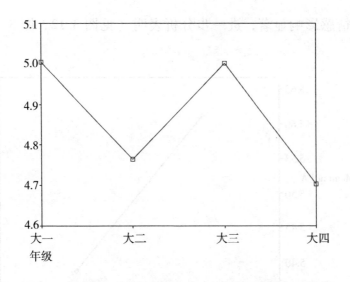

图3.10 大学生年级在生活满意度上的得分

3. 对积极情感的影响。大学生"年级""院系""政治面貌"对积极情感影响皆不显著;"学生干部""高中成绩""当前成绩"

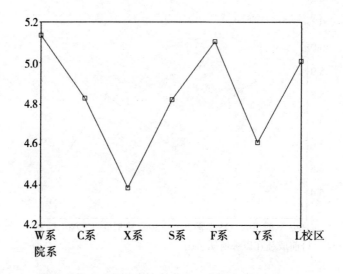

图3.11　大学生所在院系在生活满意度上的得分

对积极情感影响显著，进一步分析表明（见图 3.12、图 3.13、图 3.14）：

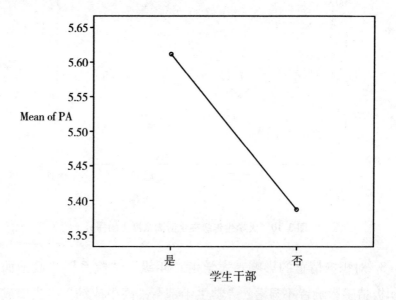

图3.12　大学生学生干部在积极情感上的得分

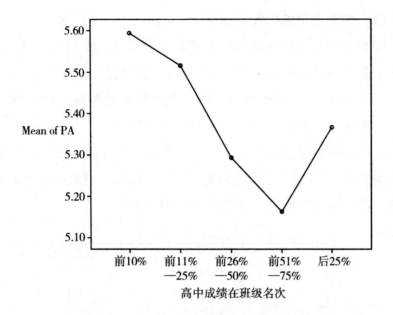

图 3. 13 大学生高中学习成绩在积极情感上的得分

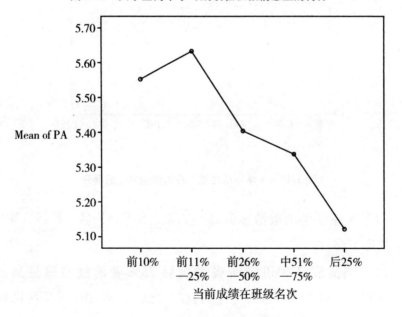

图 3. 14 大学生当前成绩在积极情感上的得分

（1）学生干部的积极情感得分远远高于非学生干部。

（2）高中学习成绩前10%者积极情感最高，前11%—25%、后25%、前26%—50%、中51%—75%依次排列。

（3）当前学习成绩11%—25%者积极情感最高，前10%、前26%—50%、中51%—75%、后25%依次排列。

4. 对消极情感的影响。大学生"院系""当前成绩"对消极情感影响显著，"年级""政治面貌""高中成绩"对消极情感影响不显著，进一步分析表明（见图3.15、图3.16）：

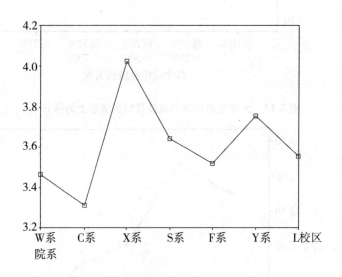

图3.15　大学生所在院系在消极情感上的得分

（1）X系学生消极情感最高，Y系、S系、L区、F系、W系、C系依序下降。

（2）当前成绩在班级所属名次后25%者消极情感最高，中51%—75%、前26%—50%、前11%—25%、前10%者依次排列。

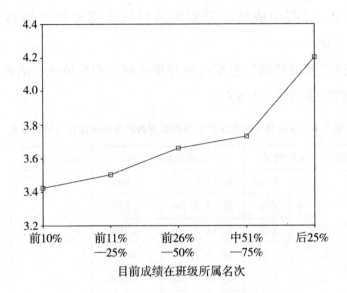

图 3.16 大学生当前成绩在消极情感上的得分

二、学校背景各变量对主观幸福感各维度变异的解释力

根据表 3.4、表 3.5，选择其中对大学生主观幸福感各维度影响显著的变量，分别以快乐感、生活满意度、积极情感和消极情感为因变量，以选择出的这些变量为自变量进行回归分析，结果见表 3.6。

从表 3.6 可见，家庭背景各变量对快乐感、生活满意度、积极情感、消极情感所起的预测作用是不一致的。我们对差异显著的变量进行进一步的归纳。

（一）"年级"可解释生活满意度变异的 0.9%。

（二）"院系"分别可解释快乐感、生活满意度、消极情感变异的 2.1%、2.7%、1.8%。

（三）"学生干部"可解释积极情感变异的 0.6%。

（四）"高中成绩"分别可解释快乐感和积极情感变异的
0.5%、1.0%。

（五）"当前成绩"分别可解释快乐感、积极情感、消极情感变
异的0.9%、0.9%、2.6%。

表3.6　学校背景对大学生主观幸福感各维度影响回归分析摘要表

主观幸福感	家庭背景		标准化回归系数	决定系数 R^2	F
快乐感	院系	W系 是=1 否=0	0.006	0.021	3.257**
		C系 是=1 否=0	0.033		
		X系 是=1 否=0	-0.104**		
		S系 是=1 否=0	-0.001		
		F系 是=1 否=0	-0.004		
		Y系 是=1 否=0	-0.104**		
	高中成绩		0.005		4.630*
	当前成绩		0.009		7.734**
生活满意度	年级	一年级 是=1 否=0	0.106*	0.009	2.860*
		二年级 是=1 否=0	0.020		
		三年级 是=1 否=0	0.089*		
	院系	W系 是=1 否=0	0.020	0.027	4.118***
		C系 是=1 否=0	-0.029		
		X系 是=1 否=0	-0.133***		
		S系 是=1 否=0	-0.058		
		F系 是=1 否=0	0.027		
		Y系 是=1 否=0	-0.091*		
积极情感	学生干部	是=1 否=0	0.080*	0.006	5.870*
	高中成绩		0.010		8.618**
	当前成绩		0.009		8.165**

主观幸福感	家庭背景		标准化回归系数	决定系数 R^2	F
消极情感	院系	W 系	是 =1 否 =0　－0.016	0.018	2.749 *
		C 系	是 =1 否 =0　－0.042		
		X 系	是 =1 否 =0　0.116 **		
		S 系	是 =1 否 =0　0.031		
		F 系	是 =1 否 =0　－0.011		
		Y 系	是 =1 否 =0　0.052		
	当前成绩		0.026		23.315 ***

* $p<0.05$　　**$p<0.01$　　***$p<0.001$

注：由于学校背景中各变量多为类别变量，不能直接进行回归分析，本研究将之转换成虚拟变量，投入到回归中进行分析；其中，参照组的选择为：院系（L 区），学生干部（非学生干部），年级（四年级）。

三、学校背景各变量对于主观幸福感的重要性

从表3.6得出学校背景各变量解释大学生主观幸福感各维度的相对重要性顺序。

（一）快乐感："院系""当前成绩""高中成绩"。

（二）生活满意度："院系""年级"。

（三）积极情感："高中成绩""当前成绩""学生干部"。

（四）消极情感："当前成绩""院系"。

第三节　分析与讨论

一、背景变量对大学生主观幸福感四维度影响力排序

（一）快乐感。"院系""当前成绩""性别""高中成绩"。

（二）生活满意度。"母亲工作""父亲工作""院系""家庭经济""城乡差异""年级""性别"。

（三）积极情感。"性别""高中成绩""当前成绩""学生干部"。

（四）消极情感。"当前成绩""院系""性别"。

在以上变量中，表现突出的有："性别"，显著影响了主观幸福感四个维度；"院系"和"当前成绩"，均显著影响主观幸福感三个维度；"高中成绩"，显著影响了主观幸福感两个维度；其余几个变量分别影响了主观幸福感一个维度。

而"父亲教育""母亲教育"（注："母亲教育"在方差分析中对消极情感影响显著，见表3.2）"生源""政治面貌"对大学生主观幸福感的四个维度影响均不显著。

二、影响大学生主观幸福感的变量分析

（一）影响大学生快乐感的变量分析

如前所述，家庭经济很差的学生反而快乐感最高，较好、较差、一般、很好依次排列；C系学生快乐感最高，W系、L区、S系、F系、Y系依序次之，X系快乐感最低；女生快乐感得分平均值高于男生；当前成绩在班级所属名次前10%者快乐感最高，前11%—25%、中51%—75%、前26%—50%、后25%者依次排列。

（二）影响大学生生活满意度的变量分析

如前所述，各变量对大学生生活满意度的影响次序为：父亲工作为单位或部门负责人、私营企业主、高级专业人员、一般管理人员、初中级专业人员、个体户、工人、下岗内退或离退休、农林牧渔民；母亲工作为单位或部门负责人、高级专业人员、一般管理人员、下岗内退、私营企业主、工人、离退休、个体户、初中级专业人员、其他、农林牧渔；家庭经济为较好、很好、一般、较差、很差；性别为女生、男生；入学前所属区域为大中城市、镇、县级市或县城；院系为 W 系、L 区、F 系、C 系、S 系、Y 系、X 系。

（三）影响大学生积极情感的变量分析

如前所述，各变量对大学生积极情感的影响次序为：性别为女生，男生；学生干部、非学生干部；高中学习成绩为前 10%、前 11%—25%、后 25%、前 26%—50%、中 51%—75%；当前学习成绩为 11%—25%、前 10%、前 26%—50%、中 51%—75%、后 25%。

（四）影响大学生消极情感的变量分析

如前所述，各变量对大学生消极情感的影响次序为：父亲工作为工人、农林牧渔民、私营企业主、个体户、一般办事员、高级专业人员、单位或部门负责人、初中级专业人员、下岗内退、其他；母亲教育程度为高中、小学、初中、大本、大专、不识字或很少识字、研究生；性别为男生、女生；院系为 X 系、Y 系、S 系、L 区、F 系、W 系、C 系；当前成绩在班级所属名次后 25% 者消极情感最高，中 51%—75%、前 26%—50%、前 11%—25%、前 10% 者。

三、讨论

（一）性别与主观幸福感

本研究表明，性别是影响大学生主观幸福感水平的重要因素，而且是非常重要的因素，它显著影响了主观幸福感的四个维度。

原因来自三个方面。第一，在群体社会中，女性更容易分享她们各自的生活，为他人提供更多的支持，有更强的理解他人情绪的能力①。第二，无论从传统还是现代意义上，社会对不同的性别赋予了不同的角色。虽然在过去的几十年中，强大的社会力量对改变性别角色发生了作用，但事实上，传统的性别角色观念今天依然保留在人们身上②。社会对男性承担责任的期望远远大于女性，不同的预期造成了男生、女生对于自我要求不同。例如，一般认为，男生的理想和目标要比女生高远，因此也更容易造成男生的现实自我与理想自我的距离较女生为大，故他们对自己也不甚满意，连带着对生活的满意程度也比女生低。第三，从学校文化上讲，A大学的一个重要文化特点是时尚，这是一个颇为女性关注的的领域；在这所学校里，女教师多，女学生多，并且形成了以女性为参与主体的文化环境；在这个环境中，男生反而是"弱势群体"了。

（二）家庭经济与主观幸福感

就经济状况与主观幸福感的关系来说，研究结论是不一致的。传统的经济学认为，财富的增加使人们有可能根据自己的意愿购买和消费物品；其次，更多的财富给了人们更多选择的权力，因此，更多的财富会带来更大的幸福③。也有大量研究表明，经济状况与主观幸福感不相关；如一些学者已经发现了一种明显但令人称奇的现象：在最近几十年里，美国的人均收入有着明显的增加，但在同一时期内，那些认为自己"非常幸福"的人的比例却有所下降④。本研究同样发现一个"惊人"的现象：家庭经济状况对快乐感的影

---

① ［美］戴维·迈尔斯. 社会心理学［M］. 北京：人民邮电出版社，2006：133 - 147.

② 俞国良. 社会心理学［M］. 北京：北京师范大学出版社，2006：136.

③ 奚恺元，张国华，张岩. 从经济学到幸福学［J］. 上海管理科学，2003（3）：4.

④ ［瑞士］布伦诺·弗雷，阿洛伊斯·斯塔特勒. 幸福与经济学［M］. 北京：北京大学出版社，2006：86.

响次序为很差、较好、较差、一般、很好，"最穷"的最快乐，"最富"的最不快乐；同时，家庭经济状况对生活满意度影响极其显著，家庭经济较好的学生生活满意度最高，其余依次为很好、一般、较差、很差。

家庭经济状况对生活满意度的影响结果很容易理解，前已述，但其影响快乐感的结果却大大出乎预料。可能有以下几个原因：第一，家庭的经济收入只能表明父母的能力，而不能满足自己各种自我需要的实现，甚至这种优越的经济条件会对他们日后的发展产生一定的压力，从而引发他们的紧张、焦虑等消极情绪；第二，家庭高收入多为父母奋斗所得，其中包含着竞争、压力、血汗甚至父母的某些负面的经验"心得"，这些都会对儿女的心理产生一定的影响；第三，经济水平低的家庭或许更珍惜当前的生活，经济困难并没有压倒这个家庭，孩子考上大学后反而看到了更多的希望；第四，国家、学校的政策和做法大大倾斜于经济困难学生，承诺并普遍做到了"不让一个学生因家庭经济困难而失学"，这使经济困难学生甩掉了沉重的经济包袱，而有的家庭经济好的学生有可能会产生一些心理上的不平衡。

（三）父母工作与主观幸福感

父母工作即父母职业，不同职业的人的教育方式、生活方式有着很大的不同。有研究认为，职业中所含有的权力、财富、声望的差别决定着社会地位的差别；有专家认为，社会地位最高的是单位负责人和在国家权力部门工作的职业群体，第二是以各类专业技术人员为主的职业群体，第三是以高级服务人员或职员为主的职业群体，第四是以一般服务人员和工人为主的职业群体，第五是农民和低级服务人员、非技术工人为主的职业群体①。这个分类与本研究总体上是一致的。

从本研究可知，父母工作对大学生主观幸福感的影响主要体现在生活满意度上，大学生生活满意度按照父母的社会地位由高到低而下降。

这是因为：第一，父母社会地位高的学生本身家庭经济富足；第二，父母社会地位高的学生会有一定的自豪感和优越感。

（四）学习成绩与主观幸福感

学习成绩这簇变量包括"高中成绩"和"当前成绩"。从本研究得知，学习成绩是影响大学生主观幸福感的重要变量：高中成绩对大学生快乐感和积极情感影响显著，而当前成绩对快乐感、积极情感和消极情感有显著影响。而且，令我们感到兴奋的是，当前成绩在班级前10%者快乐感最高、积极情感最高，而消极情感最低。从研究结果中可以发现以下几个现象：

第一，学习成绩对大学生主观幸福感的影响具有持续性，当前学习成绩、高中学习成绩都显著地影响了大学生快乐感和积极情感。

第二，在背景变量中，当前学习成绩对大学生消极情感影响最大，学习成绩最差的学生消极情感最高。

（五）院系的影响

"院系"对快乐感、生活满意度、消极情感影响显著。在快乐感上顺序为C系、W系、L区、S系、F系、Y系、X系，在生活满意度上顺序为W系、L区、F系、C系、S系、Y系、X系，在消极情感上顺序为X系、Y系、S系、L区、F系、W系、C系。从这个结

---

① 李培林. 中国社会分层 [M]. 北京：社会科学文献出版社，2004：183.

果上看，A 大学最"幸福"的院系为 C 系、W 系，最"不幸"的院系为 X 系、Y 系。我们认为，院系本身就是一个复杂的系统，它对于大学生主观幸福感的影响应该包括专业、性别比例、文化、思维方式、在学校及社会中的地位声望等多方面。这些因素将在今后做系统的研究。

（六）积极情感与消极情感变异的比较

我们的常识认为，一个人的积极情感与消极情感是相对的，积极情感高的人，其消极情感一定低，反之亦然。但本研究发现，事实并非全部如此。例如，母亲工作状况解释了大学生 1.5% 积极情感的变异，同时解释了消极情感 1.6% 的变异；再如学生党员积极情感得分最高，消极情感得分也最高。这个现象在本研究的访谈中也多次出现。这些访谈形象地说明，对于很多贫困生而言，积极情感和消极情感同时存在，而并非是非此即彼或此长彼消的关系。

（七）"优秀"的学生最幸福

在目前中国，对优秀大学生评价的标准可以概括为三个字——"德智体"。"智"通常是指学习成绩（包括体育成绩，即对"体"的评价）。学习成绩是学校对学生学习能力和学习状况的考核和评价。本研究中，单以学习成绩为标准，成绩最好的学生在快乐感、积极情感上的得分是最高的。

另外，是否担任学生干部也是对大学生评价的重要依据。学生干部是学生"德"的方面的重要体现。本研究中，学生干部的积极情感得分远高于非学生干部，并呈现出显著的差异性。

所以，"优秀"的学生最幸福。

（八）本研究表明：背景变量对大学生主观幸福感产生不同程度

的影响,但解释力较弱。这说明,背景变量不会使大学生主观幸福感产生大的变异,从而在一定程度上证明了背景变量作为幸福储备的正确性。同时,研究还验证了前人的一个结论:"近四十年的研究表明,人口统计变量只能解释主观幸福感变化的很少部分。"①。

---

① 于静华. 大学生主观幸福感研究综述 [J]. 哈尔滨学院学报,2005 (5):98.

第四章

幸福收入——学校工作与大学生
主观幸福感

如前文所述，背景变量对大学生主观幸福感的解释力较弱。本章将分析学校工作对大学生主观幸福感的影响力。测量工具为《学校工作满意度问卷》和《大学生主观幸福感问卷》。根据项目分析，学校工作共形成两个潜变量。第一个潜变量的测量指标共 8 个，分别考察大学生对"教学方法""教学管理""教学实践""教学质量""教育技术""学术氛围""专业课程""教学条件"的满意度，定义为"教学工作"；第二个潜变量的测量指标共 11 个，分别考察大学生对"保险工作""社团工作""评优表彰""违纪处理""心理健康""国防教育""学风建设""思政教育""社会实践""经济资助""辅班主任"的满意度，定义为"学生工作"。

第一节　大学生主观幸福感在教学工作上的差异分析

一、研究假设、模型设定

（一）研究假设

总假设：教学工作对大学生主观幸福感影响显著。

假设1：教学工作对大学生快乐感影响显著。

假设2：教学工作对大学生生活满意度影响显著。

假设3：教学工作对大学生积极情感影响显著。

假设4：教学工作对大学生消极情感影响显著。

（二）模型设定

模型1：$HAP = \beta_0 + \beta_1$ 教学方法 $+ \beta_2$ 教学管理 $+ \beta_3$ 教学实践 $+ \beta_4$ 教学质量 $+ \beta_5$ 教育技术 $+ \beta_6$ 学术氛围 $+ \beta_7$ 专业课程 $+ \beta_8$ 教学条件 $+ \varepsilon_i$

模型2：$LS = \beta_0 + \beta_1$ 教学方法 $+ \beta_2$ 教学管理 $+ \beta_3$ 教学实践 $+ \beta_4$ 教学质量 $+ \beta_5$ 教育技术 $+ \beta_6$ 学术氛围 $+ \beta_7$ 专业课程 $+ \beta_8$ 教学条件 $+ \varepsilon_i$

模型3：$PA = \beta_0 + \beta_1$ 教学方法 $+ \beta_2$ 教学管理 $+ \beta_3$ 教学实践 $+ \beta_4$ 教学质量 $+ \beta_5$ 教育技术 $+ \beta_6$ 学术氛围 $+ \beta_7$ 专业课程 $+ \beta_8$ 教学条件 $+ \varepsilon_i$

模型4：$NA = \beta_0 + \beta_1$ 教学方法 $+ \beta_2$ 教学管理 $+ \beta_3$ 教学实践 $+ \beta_4$ 教学质量 $+ \beta_5$ 教育技术 $+ \beta_6$ 学术氛围 $+ \beta_7$ 专业课程 $+ \beta_8$ 教学条件 $+ \varepsilon_i$

上述回归方程中，HAP、LS、PA、NA 分别代表样本快乐感、生活满意度、积极情感、消极情感的实际测量值。β_i 代表参数，表示自变量每改变一个单位，所造成因变量改变的量，ε_i 代表实际值减去预测值后的残差值，代表因变量不能被自变量解释的部分。

二、统计结果

（一）教学工作各变量的学生满意率

表4.1　教学工作各变量的学生满意率（N＝913）

教学工作评价	很满意		较满意		满意率（％）
	人数	百分比	人数	百分比	
教学方法	93	10.2	271	29.7	39.9
教学管理	82	9.0	260	28.5	37.5
教学实践	89	9.7	241	26.4	36.1
教学质量	105	11.5	313	34.3	45.8
教育技术	79	8.7	298	32.6	41.3
学术氛围	82	9.0	224	24.5	33.5
专业课程	118	12.9	320	35.0	47.9
教学条件	81	8.9	253	27.7	36.6

注：满意率＝（很满意人数＋较满意人数）/被试人数

由表4.1可知，教学工作各变量满意率依次为"专业课程""教学质量""教育技术""教学方法""教学管理""教学条件""教学实践""学术氛围"。

（二）教学工作不同评价对大学生主观幸福感影响的比较

下表为"教学工作"在主观幸福感各维度上的平均值、标准差。

由表4.2可以看出，除个别情况外，教学工作评价随着从"很满意""较满意""一般""不太满意""很不满意"的顺序主观幸福感的快乐感、生活满意度、积极情感等维度得分逐渐下降，消极情感维度得分逐渐上升。

表 4.2　教学工作对大学生主观幸福感影响的平均值与标准差

教学工作	教学工作评价	快乐感			生活满意度		
		N	M	SD	N	M	SD
教学方法	很满意	93	6.3419	1.59961	93	5.5659	1.32516
	较满意	269	5.9227	1.46938	270	5.0790	1.31383
	一般	359	5.6914	1.45936	364	4.7564	1.31776
	不太满意	120	5.3683	1.52161	121	4.4798	1.14746
	很不满意	58	5.8241	1.82077	58	4.5798	1.68410
	总计	899	5.7933	1.52883	906	4.8874	1.35454
教学管理	很满意	82	6.4512	1.61622	82	5.5537	1.42906
	较满意	257	5.9105	1.47699	260	5.0746	1.25208
	一般	374	5.6904	1.48994	374	4.8280	1.33563
	不太满意	132	5.4864	1.38016	136	4.3771	1.24151
	很不满意	57	5.6632	1.91242	57	4.7098	1.56652
	总计	902	5.7907	1.52987	909	4.8891	1.35471
教学实践	很满意	88	6.0545	1.73264	89	5.2671	1.47774
	较满意	238	6.0319	1.54100	240	5.1525	1.32968
	一般	323	5.6904	1.41834	324	4.8897	1.31717
	不太满意	171	5.4222	1.41279	173	4.5320	1.08860
	很不满意	80	5.9700	1.77153	81	4.4984	1.64306
	总计	900	5.7902	1.53128	907	4.8931	1.35307
教学质量	很满意	105	6.3257	1.52448	105	5.5592	1.38171
	较满意	310	5.8548	1.49154	312	5.0209	1.31779
	一般	331	5.7650	1.42624	333	4.7591	1.31188
	不太满意	111	5.1946	1.57791	114	4.4120	1.15838
	很不满意	44	5.7136	1.92434	44	4.5818	1.64537
	总计	901	5.7885	1.52926	908	4.8894	1.35543

续表

教学工作	教学工作评价	快乐感			生活满意度		
		N	M	SD	N	M	SD
教育技术	很满意	79	6.4051	1.61721	79	5.5725	1.50937
	较满意	295	5.9864	1.51036	297	5.1100	1.27710
	一般	358	5.6525	1.47073	362	4.7799	1.32117
	不太满意	127	5.4331	1.34206	128	4.4196	1.21374
	很不满意	42	5.5810	1.98915	42	4.4327	1.52584
	总计	901	5.7936	1.52828	908	4.8900	1.35522
学术氛围	很满意	81	6.3136	1.70644	82	5.5443	1.49562
	较满意	222	5.9153	1.47536	223	5.0644	1.31132
	一般	337	5.7780	1.44786	340	4.8940	1.32041
	不太满意	175	5.4217	1.50684	176	4.5877	1.23880
	很不满意	85	5.7553	1.70416	86	4.3834	1.37427
	总计	900	5.7887	1.53091	907	4.8868	1.35487
专业课程	很满意	118	6.4373	1.67800	118	5.6354	1.41147
	较满意	318	5.9981	1.51971	320	5.1075	1.29158
	一般	278	5.4669	1.34909	281	4.7173	1.19938
	不太满意	136	5.5265	1.44054	137	4.3752	1.32298
	很不满意	50	5.5240	1.75471	51	4.1395	1.45303
	总计	900	5.7940	1.52908	907	4.8903	1.35594
教学条件	很满意	80	6.3125	1.70683	81	5.4698	1.37277
	较满意	250	5.8680	1.45266	252	5.0969	1.21470
	一般	348	5.7701	1.47916	350	4.8982	1.39818
	不太满意	161	5.4708	1.54635	162	4.4730	1.25985
	很不满意	60	5.7400	1.67668	61	4.3504	1.40474
	总计	899	5.7900	1.53043	906	4.8917	1.35487

续表

教学工作	教学工作评价	积极情感			消极情感		
		N	M	SD	N	M	SD
教学方法	很满意	91	5.8480	1.58633	91	3.5371	1.34803
	较满意	268	5.6169	1.29927	264	3.4754	1.16268
	一般	364	5.3842	1.26571	351	3.6481	1.16831
	不太满意	121	5.1474	1.31800	118	3.8072	1.03008
	很不满意	58	5.4626	1.62193	57	3.7390	1.34883
	总计	902	5.4734	1.35374	881	3.6121	1.18425
教学管理	很满意	80	5.8271	1.57142	81	3.5046	1.34925
	较满意	257	5.6329	1.32318	254	3.5084	1.14386
	一般	376	5.4317	1.28244	362	3.6188	1.20833
	不太满意	136	5.1189	1.22473	131	3.7328	0.96747
	很不满意	56	5.3393	1.69728	56	3.9308	1.35091
	总计	905	5.4711	1.35357	884	3.6133	1.18364
教学实践	很满意	87	5.6494	1.57910	86	3.4462	1.29145
	较满意	240	5.7451	1.31992	237	3.5527	1.18093
	一般	323	5.3798	1.27638	312	3.6294	1.20123
	不太满意	172	5.1434	1.22585	166	3.7221	1.06141
	很不满意	81	5.5144	1.58513	81	3.6790	1.24858
	总计	903	5.4699	1.35475	882	3.6130	1.18442
教学质量	很满意	103	5.8851	1.49090	102	3.4363	1.31145
	较满意	310	5.6032	1.34190	303	3.5347	1.11995
	一般	334	5.3453	1.25510	325	3.6077	1.16672
	不太满意	113	5.0708	1.34699	109	3.8200	1.14000
	很不满意	44	5.5455	1.51366	44	4.0256	1.33724
	总计	904	5.4707	1.35427	883	3.6099	1.17995

教学 工作	教学工 作评价	积极情感			消极情感		
		N	M	SD	N	M	SD
教育 技术	很满意	77	5.8896	1.60012	76	3.4622	1.38489
	较满意	295	5.6350	1.33607	291	3.5125	1.13786
	一般	362	5.4434	1.22560	351	3.6350	1.15989
	不太满意	129	4.9922	1.41081	124	3.6673	1.10200
	很不满意	41	5.2602	1.47245	41	4.2317	1.37232
	总计	904	5.4712	1.35431	883	3.6120	1.18369
学术 氛围	很满意	80	5.9187	1.54013	80	3.4516	1.28118
	较满意	222	5.6389	1.35859	219	3.5970	1.18071
	一般	340	5.4520	1.24675	330	3.5439	1.16975
	不太满意	176	5.2064	1.29185	170	3.7632	1.12693
	很不满意	85	5.2039	1.53301	83	3.8042	1.23901
	总计	903	5.4681	1.35353	882	3.6155	1.18391
专业 课程	很满意	116	5.9770	1.53098	117	3.3622	1.28143
	较满意	318	5.6483	1.28450	315	3.5187	1.18837
	一般	281	5.2610	1.29111	267	3.6774	1.10293
	不太满意	138	5.2512	1.34503	133	3.7096	1.11904
	很不满意	50	4.9667	1.25763	50	4.2050	1.28367
	总计	903	5.4716	1.35503	882	3.6137	1.18330
教学 条件	很满意	79	5.9895	1.54361	79	3.6551	1.34439
	较满意	250	5.5740	1.27708	247	3.5602	1.16209
	一般	350	5.4210	1.32409	338	3.5388	1.13381
	不太满意	162	5.2603	1.27471	156	3.7612	1.09068
	很不满意	61	5.1721	1.56967	61	3.7398	1.47484
	总计	902	5.4675	1.35352	881	3.6085	1.18148

（三）教学工作对主观幸福感各维度变异的解释力

分别以快乐感、生活满意度、积极情感和消极情感为因变量，以教学工作各变量为自变量进行回归分析，结果见表4.3。

表4.3 教学工作对大学生主观幸福感各维度影响回归分析摘要表

主观幸福感	教学工作	决定系数 R^2	F
快乐感	教学方法	0.017	15.712***
	教学管理	0.020	17.951***
	教学实践	0.008	7.646**
	教学质量	0.022	20.520***
	教育技术	0.027	24.638***
	学术氛围	0.015	13.686***
	专业课程	0.037	34.334***
	教学条件	0.013	11.683**
生活满意度	教学方法	0.044	41.803***
	教学管理	0.040	37.739***
	教学实践	0.036	33.979***
	教学质量	0.046	43.398***
	教育技术	0.053	50.247***
	学术氛围	0.046	43.846***
	专业课程	0.090	90.028***
	教学条件	0.049	46.305***
积极情感	教学方法	0.014	12.839***
	教学管理	0.017	15.927***
	教学实践	0.012	10.939**
	教学质量	0.018	16.772***
	教育技术	0.027	24.711***

续表

主观幸福感	教学工作	决定系数 R^2	F
积极情感	学术氛围	0.023	21.339***
	专业课程	0.039	36.172***
	教学条件	0.020	18.610***
消极情感	教学方法	0.007	5.918*
	教学管理	0.008	7.287**
	教学实践	0.004	3.462
	教学质量	0.013	11.343**
	教育技术	0.012	10.540**
	学术氛围	0.006	5.189*
	专业课程	0.021	18.755***
	教学条件	0.002	1.496

* $p < 0.05$ **$p < 0.01$ ***$p < 0.001$

从表4.3可见，教学工作各变量对快乐感、生活满意度、积极情感、消极情感所起的预测作用是不一致的。我们对差异显著的变量进行进一步的归纳。

1. "教学方法"分别可解释主观幸福感各维度变异的1.7%、4.4%、1.4%、0.7%。

2. "教学管理"分别可解释主观幸福感各维度变异的2.0%、4.0%、1.7%、0.8%。

3. "教学实践"可解释快乐感、生活满意度、积极情感变异的0.8%、3.6%、1.2%。

4. "教学质量"分别可解释主观幸福感各维度变异的2.2%、4.6%、1.8%、1.3%。

5. "教育技术"分别可解释主观幸福感各维度变异的2.7%、

5.3%、2.7%、1.2%。

6. "学术氛围"分别可解释主观幸福感各维度变异的1.5%、4.6%、2.3%、0.6%。

7. "专业课程"分别可解释主观幸福感各维度变异的3.7%、9.0%、3.9%、2.1%。

8. "教学条件"可解释快乐感、生活满意度、积极情感变异的1.3%、4.9%、2.0%。

（四）教学工作各变量对于主观幸福感的相对重要性

从表4.3得出教学工作各变量解释大学生主观幸福感各维度的相对重要性顺序。

1. 快乐感："专业课程""教育技术""教学质量""教学管理""教学方法""学术氛围""教学条件""教学实践"。

2. 生活满意度："专业课程""教育技术""教学条件""学术氛围""教学质量""教学方法""教学管理""教学实践"。

3. 积极情感："专业课程""教育技术""学术氛围""教学条件""教学质量""教学管理""教学方法""教学实践"。

4. 消极情感："专业课程""教学质量""教育技术""教学管理""教学方法""学术氛围"。

（五）教学工作与主观幸福感各维度间的多元回归分析

为了进一步检验教学工作是否可以有效地预测主观幸福感，我们把主观幸福感各维度当作因变量，把教学工作中影响显著的变量作为自变量，进行多元回归分析，得下表。

由表4.4可知，教学工作可解释主观幸福感各维度变异的4.6%、9.8%、5.0%、2.6%。其中，专业课程是影响最显著的变量。

表4.4 教学工作对大学生主观幸福感各维度影响多元回归分析摘要表

主观幸福感	教学工作	标准化回归系数	决定系数 R^2	F
快乐感	教学方法	−0.019	0.046	5.265***
	教学管理	0.025		
	教学实践	−0.106		
	教学质量	0.079		
	教育技术	0.086		
	学术氛围	0.017		
	专业课程	0.141**		
	教学条件	−0.005		
生活满意度	教学方法	−0.019	0.098	12.069***
	教学管理	−0.040		
	教学实践	−0.014		
	教学质量	0.029		
	教育技术	0.010		
	学术氛围	0.060		
	专业课程	0.241***		
	教学条件	0.093		
积极情感	教学方法	−0.082	0.050	5.811***
	教学管理	−0.010		
	教学实践	−0.050		
	教学质量	0.018		
	教育技术	0.083		
	学术氛围	0.091		
	专业课程	0.154**		
	教学条件	0.036		

续表

主观幸福感	教学工作	标准化回归系数	决定系数 R^2	F
消极情感	教学方法	0.084		
	教学管理	−0.002		
	教学质量	−0.086	0.026	3.871**
	教育技术	−0.059		
	学术氛围	0.022		
	专业课程	−0.123**		

* $p < 0.05$　　**$p < 0.01$　　***$p < 0.001$

注：①在快乐感的回归中，教学工作各变量间的相关系数均小于0.8，最大条件指数 CI（Condition Index，简称 CI 值）为19.194，表示自变量间多重共线性问题不严重。

②在生活满意度的回归中，教学工作各变量间的相关系数均小于0.8，最大条件指数 CI 值为19.240，表示自变量间多重共线性问题不严重。

③在积极情感的回归中，教学工作各变量间的相关系数均小于0.8，最大条件指数 CI 值为19.185，表示自变量间多重共线性问题不严重。

④在消极情感的回归中，教学工作各变量间的相关系数均小于0.8，最大条件指数 CI 值为19.269，表示自变量间多重共线性问题不严重。

第二节　大学生主观幸福感在学生工作上的差异分析

一、研究假设、模型设定

（一）研究假设

总假设：学生工作对大学生主观幸福感影响显著。

假设1：学生工作对大学生快乐感影响显著。

假设2：学生工作对大学生生活满意度影响显著。

假设3：学生工作对大学生积极情感影响显著。

假设4：学生工作对大学生消极情感影响显著。

（二）模型设定

模型1：HAP $=\beta_0 +\beta_1$保险工作 $+\beta_2$社团工作 $+\beta_3$评优表彰 $+\beta_4$违纪处理 $+\beta_5$心理健康 $+\beta_6$国防教育 $+\beta_7$学风建设 $+\beta_8$思政教育 $+\beta_9$社会实践 $+\beta_{10}$经济资助 $+\beta_{11}$辅班主任 $+\varepsilon_i$

模型2：LS $=\beta_0 +\beta_1$保险工作 $+\beta_2$社团工作 $+\beta_3$评优表彰 $+\beta_4$违纪处理 $+\beta_5$心理健康 $+\beta_6$国防教育 $+\beta_7$学风建设 $+\beta_8$思政教育 $+\beta_9$社会实践 $+\beta_{10}$经济资助 $+\beta_{11}$辅班主任 $+\varepsilon_i$

模型3：PA $=\beta_0 +\beta_1$保险工作 $+\beta_2$社团工作 $+\beta_3$评优表彰 $+\beta_4$违纪处理 $+\beta_5$心理健康 $+\beta_6$国防教育 $+\beta_7$学风建设 $+\beta_8$思政教育 $+\beta_9$社会实践 $+\beta_{10}$经济资助 $+\beta_{11}$辅班主任 $+\varepsilon_i$

模型4：NA $=\beta_0 +\beta_1$保险工作 $+\beta_2$社团工作 $+\beta_3$评优表彰 $+\beta_4$违纪处理 $+\beta_5$心理健康 $+\beta_6$国防教育 $+\beta_7$学风建设 $+\beta_8$思政教育 $+\beta_9$社会实践 $+\beta_{10}$经济资助 $+\beta_{11}$辅班主任 $+\varepsilon_i$

上述回归方程中，HAP、LS、PA、NA分别代表样本快乐感、生活满意度、积极情感、消极情感的实际测量值。β_i代表参数，表示自变量每改变一个单位，所造成因变量改变的量，ε_i代表实际值减去预测值后的残差值，代表因变量不能被自变量解释的部分。

二、统计结果

（一）学生工作各变量的学生满意率

由表4.5可知，学生工作各变量满意率依次为"评优表彰""经济资助""社团工作""思政教育""辅班主任""违纪处理""学风建设""保险工作""心理健康""社会实践""国防教育"。

表 4.5　学生工作各变量的学生满意率（N = 913）

学生工作	很满意		较满意		满意率
	人数	百分比	人数	百分比	（%）
保险工作	106	11.6	252	27.6	39.2
社团工作	134	14.7	329	36.0	50.7
评优表彰	146	16.0	336	36.8	52.8
违纪处理	117	12.8	307	33.6	46.4
心理健康	96	10.5	257	28.1	38.6
国防教育	84	9.2	225	24.6	33.8
学风建设	127	13.9	286	31.3	45.2
思政教育	142	15.6	303	33.2	48.8
社会实践	97	10.6	234	25.6	36.2
经济资助	124	13.6	357	39.1	52.7
辅班主任	148	16.2	296	32.4	48.6

注：满意率 = （很满意人数 + 较满意人数）/ 被试人数

（二）学生工作不同评价对大学生主观幸福感影响的比较

下表为"学生工作"在主观幸福感各维度上的平均值、标准差。

表 4.6　学生工作对大学生主观幸福感影响的平均数与标准差

学生工作	学生工作评价	快乐感			生活满意度		
		N	M	SD	N	M	SD
保险工作	很满意	106	6.1472	1.76383	106	5.2520	1.56150
	较满意	249	5.9004	1.56299	252	4.9602	1.33110
	一般	396	5.7389	1.40343	399	4.8741	1.27801
	不太满意	106	5.4151	1.51052	108	4.6452	1.32257
	很不满意	44	5.7000	1.70662	43	4.3834	1.46643
	总计	901	5.7916	1.53050	908	4.8917	1.35327

续表

学生工作	学生工作评价	快乐感			生活满意度		
		N	M	SD	N	M	SD
社团工作	很满意	134	6.2119	1.74765	134	5.2906	1.52809
	较满意	326	5.8497	1.46755	328	4.9821	1.29916
	一般	328	5.6610	1.42445	332	4.7362	1.25217
	不太满意	77	5.7117	1.66306	77	4.9024	1.37551
	很不满意	35	5.0629	1.51679	36	3.9857	1.45527
	总计	900	5.7924	1.53112	907	4.8914	1.35399
评优表彰	很满意	146	6.2384	1.64863	146	5.3718	1.42904
	较满意	331	5.7958	1.47853	335	4.8988	1.28480
	一般	293	5.6744	1.39943	295	4.8020	1.26462
	不太满意	75	5.4240	1.73609	76	4.4865	1.45970
	很不满意	54	5.7370	1.69742	54	4.6048	1.56475
	总计	899	5.7935	1.53161	906	4.8914	1.35442
违纪处理	很满意	117	6.0718	1.74068	117	5.3231	1.41822
	较满意	304	5.9421	1.43950	307	4.9619	1.30953
	一般	345	5.6881	1.45606	347	4.8153	1.32459
	不太满意	80	5.3400	1.58295	81	4.5333	1.34935
	很不满意	52	5.6846	1.75269	53	4.5849	1.44562
	总计	898	5.7929	1.53006	905	4.8920	1.35516
心理健康	很满意	96	6.3208	1.67947	96	5.5661	1.44453
	较满意	253	5.8427	1.47296	257	4.9327	1.25916
	一般	406	5.7379	1.44177	405	4.8489	1.31552
	不太满意	107	5.5327	1.78293	111	4.5985	1.27715
	很不满意	38	5.4105	1.40651	38	4.2158	1.69681
	总计	900	5.7913	1.53133	907	4.8914	1.35399

续表

学生工作	学生工作评价	快乐感			生活满意度		
		N	M	SD	N	M	SD
国防教育	很满意	84	6.0810	1.83831	84	5.1980	1.57610
	较满意	223	5.8960	1.49857	225	5.0846	1.32567
	一般	422	5.6773	1.46315	424	4.8348	1.31400
	不太满意	130	5.9077	1.49358	133	4.7040	1.24766
	很不满意	42	5.4476	1.69924	42	4.4143	1.51002
	总计	901	5.7916	1.53050	908	4.8917	1.35327
学风建设	很满意	127	6.1354	1.68427	127	5.2623	1.48984
	较满意	284	5.8183	1.42960	286	5.0494	1.30783
	一般	336	5.8220	1.40196	339	4.8061	1.26998
	不太满意	90	5.4400	1.77275	92	4.6677	1.41868
	很不满意	64	5.3250	1.75318	64	4.2268	1.29497
	总计	901	5.7916	1.53050	908	4.8917	1.35327
思政教育	很满意	127	6.1354	1.68427	142	5.3258	1.60325
	较满意	284	5.8183	1.42960	303	4.9748	1.16310
	一般	336	5.8220	1.40196	375	4.7211	1.34594
	不太满意	90	5.4400	1.77275	57	4.8180	1.34542
	很不满意	64	5.3250	1.75318	30	4.2600	1.42722
	总计	901	5.7916	1.53050	907	4.8914	1.35399
社会实践	很满意	97	6.0536	1.66170	97	5.4027	1.46946
	较满意	231	6.0519	1.51344	234	5.0901	1.29201
	一般	350	5.6331	1.50211	354	4.8814	1.30630
	不太满意	145	5.6455	1.48357	144	4.5625	1.31391
	很不满意	78	5.6769	1.51468	79	4.3226	1.33874
	总计	901	5.7916	1.53050	908	4.8917	1.35327

学生工作	学生工作评价	快乐感			生活满意度		
		N	M	SD	N	M	SD
经济资助	很满意	124	6.1839	1.74926	124	5.3150	1.50858
	较满意	352	5.8562	1.46671	357	5.0305	1.25677
	一般	281	5.6221	1.52987	282	4.7854	1.35765
	不太满意	108	5.6889	1.36699	109	4.3974	1.16948
	很不满意	36	5.4389	1.57830	36	4.3857	1.55863
	总计	901	5.7916	1.53050	908	4.8917	1.35327
辅班主任	很满意	146	6.2836	1.58489	148	5.2019	1.36927
	较满意	293	5.8273	1.53384	295	5.0138	1.35519
	一般	267	5.7333	1.43843	270	4.8429	1.24378
	不太满意	114	5.3895	1.50512	114	4.6714	1.32003
	很不满意	79	5.5241	1.55029	79	4.3096	1.51021
	总计	899	5.7837	1.53099	906	4.8838	1.35378
保险工作	很满意	104	5.8413	1.44653	104	3.6647	1.44102
	较满意	251	5.6534	1.35443	245	3.5515	1.08423
	一般	398	5.3396	1.25233	387	3.5514	1.11966
	不太满意	108	5.2978	1.40778	104	3.8353	1.19252
	很不满意	43	5.1744	1.62363	43	3.8227	1.49285
	总计	904	5.4716	1.35423	883	3.6114	1.18302
社团工作	很满意	132	5.8333	1.49951	131	3.4485	1.28236
	较满意	327	5.5392	1.32689	317	3.5871	1.14743
	一般	331	5.3454	1.25201	323	3.6130	1.13863
	不太满意	77	5.4589	1.36024	75	3.6567	1.18445
	很不满意	36	4.7778	1.54612	36	4.3299	1.31310
	总计	903	5.4740	1.35311	882	3.6122	1.18343

续表

学生工作	学生工作评价	快乐感			生活满意度		
		N	M	SD	N	M	SD
评优表彰	很满意	144	5.9375	1.34319	142	3.4692	1.30764
	较满意	333	5.5380	1.35551	329	3.5813	1.07460
	一般	296	5.3097	1.24268	287	3.6198	1.18469
	不太满意	76	5.0789	1.25653	70	3.8446	1.19507
	很不满意	53	5.2767	1.74616	53	3.8208	1.40130
	总计	902	5.4728	1.35520	881	3.6111	1.18285
违纪处理	很满意	115	5.8493	1.45279	112	3.5112	1.27426
	较满意	305	5.6251	1.26969	300	3.5396	1.12481
	一般	346	5.3781	1.29349	337	3.6180	1.14499
	不太满意	82	5.1341	1.37373	78	3.6571	1.18010
	很不满意	53	5.0063	1.61191	53	4.0708	1.43520
	总计	901	5.4778	1.35125	880	3.6084	1.18168
心理健康	很满意	94	5.8582	1.57318	95	3.5145	1.40204
	较满意	255	5.5902	1.31887	251	3.4243	1.11001
	一般	405	5.4177	1.22697	390	3.6734	1.10420
	不太满意	112	5.2872	1.50029	109	3.7362	1.26145
	很不满意	37	4.8333	1.56446	37	4.0980	1.43043
	总计	903	5.4721	1.35489	882	3.6110	1.18362
国防教育	很满意	82	5.6687	1.65230	82	3.8140	1.44688
	较满意	223	5.6472	1.30070	218	3.4031	1.11442
	一般	424	5.3939	1.27167	410	3.6503	1.12485
	不太满意	134	5.4863	1.33193	133	3.6024	1.16479
	很不满意	41	4.8780	1.67499	40	3.9625	1.43536
	总计	904	5.4716	1.35423	883	3.6114	1.18302

续表

学生工作	学生工作评价	快乐感			生活满意度		
		N	M	SD	N	M	SD
学风建设	很满意	125	5.8053	1.41607	125	3.4900	1.36300
	较满意	284	5.6168	1.26253	277	3.5916	1.08572
	一般	339	5.3348	1.25814	329	3.5893	1.15733
	不太满意	93	5.4194	1.47414	90	3.6681	1.20759
	很不满意	63	4.9683	1.69858	62	3.9798	1.27238
	总计	904	5.4716	1.35423	883	3.6114	1.18302
思政教育	很满意	140	5.8798	1.51809	141	3.5151	1.30926
	较满意	300	5.4911	1.20714	295	3.5581	1.06559
	一般	377	5.3519	1.33115	361	3.5928	1.15664
	不太满意	57	5.4211	1.40616	56	3.9442	1.30164
	很不满意	29	5.0000	1.75142	29	4.2845	1.46038
	总计	903	5.4731	1.35428	882	3.6138	1.18155
社会实践	很满意	95	5.8649	1.33251	93	3.6626	1.35155
	较满意	233	5.6567	1.35794	226	3.5238	1.12906
	一般	352	5.3598	1.25270	349	3.5888	1.15400
	不太满意	145	5.3299	1.37373	137	3.6953	1.19366
	很不满意	79	5.2110	1.61495	78	3.7580	1.23536
	总计	904	5.4716	1.35423	883	3.6114	1.18302
经济资助	很满意	121	5.8512	1.50721	123	3.4827	1.33399
	较满意	355	5.5925	1.27754	347	3.5421	1.11142
	一般	283	5.2945	1.28590	277	3.7071	1.19471
	不太满意	110	5.3015	1.38020	101	3.6139	1.08471
	很不满意	35	4.9000	1.58692	35	3.9857	1.40534
	总计	904	5.4716	1.35423	883	3.6114	1.18302

续表

学生工作	学生工作评价	快乐感			生活满意度		
		N	M	SD	N	M	SD
辅班主任	很满意	146	5.8322	1.39656	144	3.4280	1.35862
	较满意	293	5.6422	1.27530	289	3.5861	1.12654
	一般	270	5.3173	1.29473	262	3.5081	1.08659
	不太满意	114	5.2091	1.35379	107	3.8937	1.19881
	很不满意	79	5.0738	1.54301	79	3.9842	1.22186
	总计	902	5.4718	1.35497	882	3.6107	1.18350

* $p < 0.05$ ** $p < 0.01$ *** $p < 0.001$

（三）学生工作对主观幸福感各维度变异的解释力

分别以快乐感、生活满意度、积极情感和消极情感为因变量，以学生工作为自变量进行回归分析，结果见表4.7。

表4.7 学生工作对大学生主观幸福感各维度影响回归分析摘要表

主观幸福感	学生工作	决定系数 R^2	F
快乐感	保险工作	0.012	11.157 **
	社团工作	0.020	17.997 ***
	评优表彰	0.013	11.775 **
	违纪处理	0.013	11.742 **
	心理健康	0.017	15.506 ***
	国防教育	0.004	3.825
	学风建设	0.016	14.685 ***
	思政教育	0.008	7.218 **
	社会实践	0.010	9.159 **
	经济资助	0.013	11.708 **
	辅班主任	0.007	5.932 *

续表

主观幸福感	学生工作	决定系数 R^2	F
生活满意度	保险工作	0.018	17.067 ***
	社团工作	0.028	26.227 ***
	评优表彰	0.025	23.492 ***
	违纪处理	0.022	20.246 ***
	心理健康	0.036	34.264 ***
	国防教育	0.019	17.170 ***
	学风建设	0.035	32.955 ***
	思政教育	0.027	25.322 ***
	社会实践	0.045	42.945 ***
	经济资助	0.040	37.504 ***
	辅班主任	0.008	6.850 **
积极情感	保险工作	0.019	17.788 ***
	社团工作	0.020	18.165 ***
	评优表彰	0.026	24.162 ***
	违纪处理	0.029	26.467 ***
	心理健康	0.022	19.804 ***
	国防教育	0.010	9.414 **
	学风建设	0.022	20.342 ***
	思政教育	0.017	15.647 ***
	社会实践	0.018	16.911 ***
	经济资助	0.025	23.334 ***
	辅班主任	0.011	10.368 **
消极情感	保险工作	0.002	1.690
	社团工作	0.011	9.523 **
	评优表彰	0.007	5.873 *

续表

主观幸福感	学生工作	决定系数 R^2	F
消极情感	违纪处理	0.008	7.213**
	心理健康	0.013	11.735**
	国防教育	0.002	1.353
	学风建设	0.006	5.366*
	思政教育	0.011	9.491**
	社会实践	0.002	1.381
	经济资助	0.006	5.517*
	辅班主任	0.009	7.548**

* $p < 0.05$ ** $p < 0.01$ *** $p < 0.001$

从表4.7可见，学生工作各变量对快乐感、生活满意度、积极情感、消极情感所起的预测作用是不一致的。我们对差异显著的变量进行进一步的归纳。

1. "保险工作"可解释快乐感、生活满意度和积极情感得分变异的1.2%、1.8%、1.9%。

2. "社团工作"分别可解释主观幸福感各维度得分变异的2.0%、2.8%、2.0%、1.1%。

3. "评优表彰"分别可解释主观幸福感各维度得分变异的1.3%、2.5%、2.6%、0.7%。

4. "违纪处理"分别可解释主观幸福感各维度得分变异的1.3%、2.2%、2.9%、0.8%。

5. "心理健康"分别可解释主观幸福感各维度得分变异的1.7%、3.6%、2.2%、1.3%。

6. "国防教育"可解释快乐感、生活满意度和积极情感得分变异的0.4%、1.9%、1.0%。

7. "学风建设"分别可解释主观幸福感各维度得分变异的1.6%、3.5%、2.2%、0.6%。

8. "思政教育"分别可解释主观幸福感各维度得分变异的0.8%、2.7%、1.7%、1.1%。

9. "社会实践"可解释快乐感、生活满意度和积极情感得分变异的1.0%、4.5%、1.8%。

10. "经济资助"分别可解释主观幸福感各维度变异的1.3%、4.0%、2.5%、0.6%。

11. "辅班主任"分别可解释主观幸福感各维度变异的0.7%、0.8%、1.1%、0.9%。

（四）学生工作各变量对于主观幸福感的相对重要性

从表4.7得出学生工作各变量解释大学生主观幸福感各维度的相对重要性顺序。

1. 快乐感："社团工作""心理健康""学风建设""评优表彰""违纪处理""经济资助""保险工作""社会实践""思政教育""辅班主任"。

2. 生活满意度："社会实践""经济资助""心理健康""学风建设""社团工作""思政教育""评优表彰""违纪处理""国防教育""保险工作""辅班主任"。

3. 积极情感："违纪处理""评优表彰""经济资助""学风建设""心理健康""社团工作""保险工作""社会实践""思政教育""辅班主任""国防教育"。

4. 消极情感："心理健康""社团工作""思政教育""辅班主任""违纪处理""评优表彰""经济资助""学风建设"。

（五）学生工作与主观幸福感各维度间的多元回归分析

为了进一步检验学生工作是否可以有效地预测主观幸福感，我们把主观幸福感各维度当作因变量，把学生工作中影响显著的变量作为自变量，进行多元回归分析，得下表。

表 4.8　学生工作对大学生主观幸福感各维度影响多元回归分析摘要表

主观幸福感	学生工作	标准化回归系数	决定系数 R^2	F
快乐感	保险工作	−0.007	0.031	2.575 **
	社团工作	0.077		
	评优表彰	0.002		
	违纪处理	0.028		
	心理健康	0.084		
	国防教育	−0.067		
	学风建设	0.075		
	思政教育	−0.039		
	社会实践	−0.015		
	经济资助	0.045		
	辅班主任	0.025		
生活满意度	保险工作	−0.089	0.071	6.122 ***
	社团工作	0.041		
	评优表彰	0.010		
	违纪处理	0.014		
	心理健康	0.082		
	国防教育	−0.039		
	学风建设	0.054		
	思政教育	−0.005		
	社会实践	0.134 **		
	经济资助	0.115 **		
	辅班主任	−0.001		

续表

主观幸福感	学生工作	标准化回归系数	决定系数 R^2	F
积极情感	保险工作	0.006	0.046	3.891 ***
	社团工作	0.016		
	评优表彰	0.034		
	违纪处理	0.078		
	心理健康	0.066		
	国防教育	−0.064		
	学风建设	0.037		
	思政教育	−0.019		
	社会实践	0.016		
	经济资助	0.078		
	辅班主任	0.027		
消极情感	社团工作	0.018	0.044	5.101 ***
	评优表彰	0.033		
	违纪处理	0.073		
	心理健康	0.049 **		
	学风建设	0.032		
	思政教育	−0.024		
	经济资助	0.076		
	辅班主任	0.027		

* $p<0.05$ ** $p<0.01$ *** $p<0.001$

注：①在快乐感的回归中，学生工作各变量间的相关系数均小于0.8，最大条件指数 CI 值为16.601，表示自变量间多重共线性问题不严重。

②在生活满意度的回归中，学生工作各变量间的相关系数均小于0.8，最大条件指数 CI 值为16.713，表示自变量间多重共线性问题不严重。

③在积极情感的回归中，学生工作各变量间的相关系数均小于0.8，最大条件指数 CI 值为16.645，表示自变量间多重共线性问题不严重。

④在消极情感的回归中，学生工作各变量间的相关系数均小于0.8，最大条件指数 CI 值为16.670，表示自变量间多重共线性问题不严重。

由表 4.8 可知，学生工作可解释主观幸福感各维度变异的 3.1%、7.1%、4.6%、4.4%。其中，经济资助、社会实践和心理教育是影响最显著的变量。

第三节 大学生主观幸福感在学校工作上的差异分析

一、变量选择

根据前文研究结果，从教学工作和学生工作中各选出一个对大学生主观幸福感影响力最强的变量，结果如下：

1. 快乐感。"专业课程"和"社团工作"。
2. 生活满意度。"专业课程""社会实践"。
3. 积极情感。"专业课程""违纪处理"。
4. 消极情感。"专业课程""心理健康"。

二、多元回归分析和优势分析

多元回归分析（multiple regression）是用多个预测变量（X_1、X_2……X_P）解释或预测标准变量 y 的一种常用统计方法。但这种方法也有一个严重的缺陷——模型依赖性。即，预测变量之间的相对重要性可能会随由全模型（full model）所衍生出来的子模型（subset model）的变化而发生改变[1]。为解决这个问题，Budescu 等人发展出一种新的确定回归模型中各个预测变量之间相对重要性的方法，

---

[1] 谢宝国，龙立荣. 优势分析方法及其应用 [J]. 心理科学，2006 (4)：923.

即优势分析（dominance analysis）。

优势分析方法平均了变量的直接效应（仅考虑变量本身）、总体效应（依赖于全模型的所有预测变量）和偏效应（依赖于所有子模型中的其他预测变量）。该方法的一个最大优势是在全面比较所有可能的子模型情况下，各预测变量解释或预测标准变量的相对重要性。如果各预测变量在所有可能的子模型中的优势关系恒定，即预测变量之间存在完全优势（complete dominance），那么用该方法来预测变量之间的相对重要性还有以下一点好处，即各个预测变量的总平均贡献之和等于已知方差。因此，预测变量之间的相对重要性可以被表达为各预测变量的总平均贡献占已知方差的百分比，从而使各预测变量的相对重要性得以更加准确、直观的表达①。

为了分析不同预测指标的相对重要性，首先需要对不同预测变量（X_1、X_2……X_P）作回归，形成 2P – 1 个不同的组合。例如，P =3 时，共形成 7 个不同的回归方程：即 3 个含有一个预测变量的回归方程（X_1、X_2、X_3）；3 个含有 2 个预测变量的回归方程（$X_1 X_2$、$X_1 X_3$、$X_2 X_3$）；以及 1 个包括所有三个预测变量的回归方程（$X_1 X_2 X_3$）。首先，我们得到 X_1、X_2、X_3 的 R^2 值；然后得出再加入另外 k 个变量（1 个或 2 个）时的 R^2 的提高值或变化值，即 ΔR^2 值；再后，在含有同样预测变量数的回归方程中为每一预测指标的贡献（即 ΔR^2 值）求平均；最后，再为每一指标的这些平均数求平均，这样，就将全回归模型中的 R^2 分解为不同的成分，以反映每一预测变量的相

---

① Suh E, Diener E, Oishi S et al. The shifting basis of life satisfaction judgments across cultures: Emotions versus norms [J]. Journal of Personality and Social Psychology, 1998, 74 (2): 482 – 493.

对重要性①。

（一）对快乐感影响显著的因素："专业课程"和"社团工作"，对之进行多元回归分析和优势分析。

表4.9　专业课程、社团工作两个指标预测快乐感时的相对贡献

模型中的变量	R^2	增值贡献$\triangle R^2$	
		X_1（专业课程）	X_2（社团工作）
$K=0$时 平均贡献	0	0.037	0.020
X_1	0.037	—	0.007
X_2	0.020	0.024	—
$K=1$时 平均贡献		0.024	0.007
$X_1 X_2$	0.044	—	—
总平均贡献	—	0.031	0.014

注：多元回归方程中的R^2、标准化回归系数见附录2，表4.10、4.11、4.12同。

优势定性分析表明："专业课程"完全优势于"社团工作"。做进一步的优势定量分析，结果是"专业课程"占已知方差的68.9%，"社团工作"占已知方差的31.1%。这一结果直观地表明，在预测大学生快乐感时，"专业课程"更重要。

（二）对生活满意度影响显著的因素有："专业课程""社会实践"，对之进行多元回归分析和优势分析。

优势定性分析表明："专业课程"完全优势于"社会实践"。做进一步的优势定量分析，结果是"专业课程"占已知方差的71.6%，"社会实践"占已知方差的28.4%。这一结果直观地表明，在预测大学生生活满意度时，"专业课程"更重要。

---

① 张力为. 优势分析：确定回归方程预测指标相对重要性的统计方法［J］. 北京体育大学学报，2003（2）：170.

表4.10 专业课程、社会实践两个指标预测生活满意度时的相对贡献

模型中的变量	R^2	增值贡献$\triangle R^2$	
		X_1（专业课程）	X_2（社会实践）
$K=0$ 时 平均贡献	0	0.090	0.045
X_1	0.090	0.045	—
X_2	0.045	—	0.009
$K=1$ 时 平均贡献		0.045	0.009
X_1X_2	0.099	—	—
总平均贡献		0.068	0.027

（三）对积极情感影响显著的因素有："专业课程""违纪处理"，对之进行多元回归分析和优势分析。

表4.11 专业课程、违纪处理两个指标预测积极情感时的相对贡献

模型中的变量	R^2	增值贡献$\triangle R^2$	
		X_1（专业课程）	X_2（违纪处理）
$K=0$ 时 平均贡献	0	0.039	0.029
X_1	0.039	0.021	—
X_2	0.029	—	0.011
$K=1$ 时 平均贡献		0.021	0.011
X_1X_2	0.050	—	—
总平均贡献		0.030	0.020

优势定性分析表明："专业课程"完全优势于"违纪处理"。做进一步的优势定量分析，结果是"专业课程"占已知方差的60.0%，"违纪处理"占已知方差的40.0%。这一结果直观地表明，在预测大学生生活满意度时，"专业课程"更重要。

（四）对消极情感影响显著的因素有："专业课程""心理健

康",对之进行多元回归分析和优势分析。

表4.12 专业课程、心理健康两个指标预测消极情感时的相对贡献

模型中的变量	R^2	增值贡献$\triangle R^2$	
		X_1（专业课程）	X_2（心理健康）
$K=0$ 时 平均贡献	0	0.021	0.013
X_1	0.021	0.012	—
X_2	0.013	—	0.004
$K=1$ 时 平均贡献			
$X_1 X_2$	0.025	0.012	0.004
总平均贡献		0.017	0.009

优势定性分析表明："专业课程"完全优势于"心理健康"。做进一步的优势定量分析，结果是"专业课程"占已知方差的65.4%，"心理健康"占已知方差的34.6%。这一结果直观地表明，在预测大学生消极情感时，"专业课程"更重要。

第四节 分析与讨论

一、学校工作与大学生主观幸福感

根据研究结果我们发现，教学工作评价和学生工作评价两簇变量显著地影响大学生主观幸福感的四个维度。这是因为：

（一）大学是大学生人生中的重要驿站，是一个人生活、学习、工作的重要场所，它会对人生打上不可磨灭的烙印，只要进入一所大学，这所学校就会像母亲一样成为大学生生命中不可离弃的重要

组成部分。

（二）教学工作是大学的中心工作，学生考上某所大学某个专业，主要目的就是来"求"这个"学"的；同时，学生工作包罗万象、无所不在，涉及大学生活的方方面面。所以，学校工作对大学生主观幸福感的重要性不言而喻。

（三）作为学校工作的重要组成部分，教学工作评价和学生工作评价在本质上属于大学生特殊生活满意度，是大学生生活满意度的重要领域。所以本研究特意对问卷三和问卷四（见附录 1）两种问卷采用了相似的结构。研究结果表明，凡对学校教学工作和学生工作评价高的，其主观幸福感也处于一个高的水平。

二、教学工作评价与大学生主观幸福感

（一）教学工作评价对主观幸福感四维度的影响力比较（见表4.15）。我们将教学工作对主观幸福感各维度变异的解释值取平均数，得出教学工作各变量对快乐感变异的解释力平均值为2.0%，对生活满意度变异的解释力平均值为5.1%，对积极情感变异的解释力平均值为2.1%，对消极情感的解释力平均值为1.1%。可见教学工作评价对大学生生活满意度影响力最强，积极情感和快乐感次之，消极情感最弱。

（二）教学工作各变量满意率及其对大学生主观幸福感各维度影响力比较（见表4.13）。我们发现，二者总体上具有一致性，但也有排序上的差别。例如，对于"教学质量"，满意率排第2，但在快乐感上排第3，生活满意度上排第5，积极情感上排第5，消极情感上排第2。这个比较说明，对于教学工作满意率高的变量，对主观幸福感的影响力不一定大，反之亦然。

表 4.13　教学工作各变量满意率及其对大学生主观幸福感各维度影响力比较

排序	满意率	对主观幸福感各维度的影响力			
		快乐感	生活满意度	积极情感	消极情感
1	专业课程	专业课程	专业课程	专业课程	专业课程
2	教学质量	教育技术	教育技术	教育技术	教学质量
3	教育技术	教学质量	教学条件	学术氛围	教育技术
4	教学方法	教学管理	学术氛围	教学条件	教学管理
5	教学管理	教学方法	教学质量	教学质量	教学方法
6	教学条件	学术氛围	教学方法	教学管理	学术氛围
7	教学实践	教学条件	教学管理	教学方法	教学实践
8	学术氛围	教学实践	教学实践	教学实践	教学条件

三、学生工作评价与大学生主观幸福感

（一）学生工作评价对主观幸福感四维度的影响力比较（见表 4.15）。我们将学生工作对主观幸福感各维度变异的解释值取平均数，得出学生工作各变量对快乐感变异的解释力平均值为 1.2%，对生活满意度变异的解释力平均值为 2.8%，对积极情感变异的解释力平均值为 2.0%，对消极情感的解释力平均值为 1.0%。可见与教学工作一致，学生工作评价对大学生生活满意度影响力最强，积极情感和快乐感次之，消极情感最弱。

（二）学生工作各变量满意率及其对大学生主观幸福感各维度影响力比较（见表 4.14）。我们发现，二者比较总体上有一致性，但也有排序上的差别。例如，对于"评优表彰"，满意率排第 1，但在快乐感上排第 4，生活满意度上排第 7，积极情感上排第 2，消极情感上排第 6。这个比较说明，对于学生工作满意率高的变量，对主观幸福感的影响力不一定大，反之亦然。

表 4.14 学生工作各变量满意率及其对大学生主观幸福感各维度影响力比较

排序	满意率	对主观幸福感各维度的影响力			
		快乐感	生活满意度	积极情感	消极情感
1	评优表彰	社团工作	社会实践	违纪处理	心理健康
2	经济资助	心理健康	经济资助	评优表彰	社团工作
3	社团工作	学风建设	心理健康	经济资助	思政教育
4	思政教育	评优表彰	学风建设	学风建设	辅班主任
5	辅班主任	违纪处理	社团工作	心理健康	违纪处理
6	违纪处理	经济资助	思政教育	社团工作	评优表彰
7	学风建设	保险工作	评优表彰	保险工作	经济资助
8	保险工作	社会实践	违纪处理	社会实践	学风建设
9	心理健康	思政教育	国防教育	思政教育	保险工作
10	社会实践	辅班主任	保险工作	辅班主任	社会实践
11	国防教育	国防教育	辅班主任	国防教育	国防教育

四、学校工作影响大学生主观幸福感的规律

（一）对大学生快乐感的影响规律

教学工作对大学生快乐感影响显著：整体上呈现出随着满意、较满意、一般、不太满意、很不满意的评价而下降的趋势；学生工作对大学生快乐感影响显著：整体上也呈现出随着满意、较满意、一般、不太满意、很不满意的评价而下降的趋势。由此可见支持、认可学校工作现状的学生一般快乐感比较高，所以，对于本研究而言，快乐感最高的应该是对学校工作评价为最满意的学生，反之亦然。

（二）对大学生生活满意度的影响规律

本研究发现，教学工作对大学生生活满意度影响显著：整体上

呈现出随着满意、较满意、一般、不太满意、很不满意的评价而下降的趋势；学生工作对大学生生活满意度影响显著：整体上也呈现出随着满意、较满意、一般、不太满意、很不满意的评价而下降的趋势。由此可见支持、认可学校工作现状的学生一般生活满意度比较高。所以，对于本研究而言，生活满意度最高的应该是对学校工作评价为最满意的学生，反之亦然。

（三）对大学生积极情感的影响规律

本研究发现，教学工作对大学生积极情感影响显著：整体上呈现出随着满意、较满意、一般、不太满意、很不满意的评价而下降的趋势；学生工作对大学生积极情感影响显著：整体上也呈现出随着满意、较满意、一般、不太满意、很不满意的评价而下降的趋势。由此可见支持、认可学校工作现状的学生一般积极情感比较高，所以，对于本研究而言，积极情感最高的应该是对学校工作评价为最满意的学生，反之亦然。

（四）大学生消极情感的影响规律

本研究发现，教学工作对大学生消极情感影响显著：整体上呈现出随着满意、较满意、一般、不太满意、很不满意的评价而上升的趋势；学生工作对消极情感影响显著：整体上也呈现出随着满意、较满意、一般、不太满意、很不满意的评价而上升的趋势。由此可见不支持、不认可学校工作现状的学生一般消极情感比较高，所以，对于本研究而言，消极情感最高的应该是对学校工作评价为很不满意的学生，反之亦然。

五、学校工作中对大学生主观幸福感影响最重要的变量分析

本研究结果表明：专业课程对大学生快乐感、生活满意度、积极情感、消极情感影响最显著，分别解释了快乐感的 3.7%，生活满意度的 9.0%，积极情感的 3.9%，消极情感的 2.1%。

毋庸质疑，专业课程是大学教学工作中最核心的部分，也是一所高校的核心竞争力之所在，包括专业名称、培养目标、主干学科和课程体系。在五花八门的大学排行榜上，专业排名是最引人注目的地方之一。教育部于 1998 年颁布了《全国普通高等学校本科专业目录》，1999 年颁布了《高等学校本科专业设置规定》，2001 年又印发了《关于做好普通高等学校本科学科专业结构调整工作的若干意见》等文件，意在规范高等学校专业课程，促进专业课程动态、科学的发展。

专业课程作为大学生知识来源的主渠道和专业技能形成的主战场，强调的是"术业有专攻"，是对社会结构化、功能化的一种回应。所以学生在报考大学时，一方面考虑到学校的整体优势，同时也非常关注该校本专业在同行中的地位。有时，专业对考生的吸引力会大于对学校的吸引力。

对于在校大学生而言，学习本专业及其课程体系是其现时的主要任务，取得一个好的分数是其今后步入社会安家立命的关键。如此重要的变量，对于大学生主观幸福感而言，是一个必须要研究的对象。

六、学生工作中对积极情感影响力最大的变量分析

由表 4.7 可以看出，"违纪处理""评优表彰"和"经济资助"是对积极情感影响力最强的前三名变量，分别解释了积极情感变异的 2.9%、2.6% 和 2.5%。三者有个共同的特点，就是满足了学生对物质和精神的需要。究其原因，我们认为有两点。

第一，在历史上，人类都是在某一种机制下活动，并通过它来寻求奖励带来的满足感和社会认可，人类从幼年起就在获得成年人奖励中接受教育。

第二，在该校，奖励面、奖励力度非常大。该校约有30%的学生每年参加国际级、国家级和省部级各类比赛，获奖者约占学生总数的6%；校内比赛和奖励也非常丰富，获奖面达50%以上，这些工作，形成了一个很好的竞争文化。"违纪处理"和"经济资助"道理亦然。

七、思想政治教育和辅导员、班主任对大学生主观幸福感的影响分析

从表4.7中我们发现另外一个现象：思政教育和辅班主任对大学生消极情感的影响要高于对快乐感的影响。思想政治教育是大学工作的重要组成部分，辅导员是大学生思想政治教育的重要实施者。这个结果至少给我们以下三点启示。

（一）从提高大学生快乐感的角度分析，大学生思想政治教育和辅导员（班主任）在教给学生如何获得快乐方面做得远远不够。众所周知，国家对高校思想政治教育和辅导员（班主任）工作高度关注，投入非常大，但实际效果却未如所愿。这种现象的产生可能与社会文化环境有关，今后可作为专题进行研究。

（二）从降低大学生消极情感的角度分析，大学生思想政治教育和辅导员（班主任）工作的影响力更大。大学生在成长过程中肯定会遇到许多困难和压力，而辅导员和班主任在帮助学生解决困难和减轻压力方面是有效的。

（三）在积极心理学及主观幸福感研究和实践中，我们更加关注积极方面如快乐感、生活满意度和积极情感的强化和提高，往往忽视了消极方面如消极情感的降低。目前，我们在寻找提高大学生主观幸福感的途径方面困难重重，解决办法不多，把目光聚向降低或减少消极情感不失为一条良策。

八、教学工作与学生工作对大学生主观幸福感影响力分析

我们从两个角度来考察二者对大学生主观幸福感的影响力。

（一）教学工作与学生工作各变量解释大学生主观幸福感变异的贡献平均值比较

表 4.15 列出了教学工作、学生工作对大学生主观幸福感各维度的贡献率。比较二者的平均值得出：教学工作对大学生主观幸福感的平均贡献率在快乐感、生活满意度、积极情感和消极情感四个维度上均高于学生工作。

表 4.15　教学工作、学生工作各变量对大学生主观幸福感各维度贡献率比较

学校工作	变量	贡献率			
		快乐感	生活满意度	积极情感	消极情感
教学工作	教学方法	1.7%	4.4%	1.4%	0.7%
	教学管理	2.0%	4.0%	1.7%	0.8%
	教学实践	0.8%	3.6%	1.2%	—
	教学质量	2.2%	4.6%	1.8%	1.3%
	教育技术	2.7%	5.3%	2.7%	1.2%
	学术氛围	1.5%	4.6%	2.3%	0.6%
	专业课程	3.7%	9.0%	3.9%	2.1%
	教学条件	1.3%	4.9%	2.0%	—
	平均值	2.0%	5.1%	2.1%	1.1

学校工作	变量	贡献率			
		快乐感	生活满意度	积极情感	消极情感
学生工作	保险工作	1.2%	1.8%	1.9%	
	社团工作	2.0%	2.8%	2.0%	1.1%
	评优表彰	1.3%	2.5%	2.6%	0.7%
	违纪处理	1.3%	2.2%	2.9%	0.8%
	心理健康	1.7%	3.6%	2.2%	1.3%
	国防教育	0.4%	1.9%	1.0%	—
	学风建设	1.6%	3.5%	2.2%	0.6%
	思政教育	0.8%	2.7%	1.7%	1.1%
	社会实践	1.0%	4.5%	1.8%	—
	经济资助	1.3%	4.0%	2.5%	0.6%
	辅班主任	0.7%	0.8%	1.1%	0.9%
	平均值	1.2%	2.8%	2.0%	1.0%

（二）教学工作与学生工作对大学生主观幸福感变异的贡献率比较

我们以大学生主观幸福感各维度为因变量，以教学工作和学生工作为自变量，分别进行多元回归分析。

比较R^2值（见表 4.16），教学工作在快乐感、生活满意度和积极情感上均高于学生工作，在消极情感上，学生工作高于教学工作。

表 4.16　教学工作、学生工作、学校工作对大学生主观幸福感

各维度多元回归 R^2 值比较

	快乐感	生活满意度	积极情感	消极情感
教学工作	0.046	0.098	0.050	0.026
学生工作	0.031	0.071	0.046	0.044
学校工作	0.058	0.118	0.070	0.046

（三）根据以上内容得出结论：教学工作对大学生主观幸福感的影响总体上大于学生工作。

九、知足的学生更幸福

如前所述，大学生主观幸福感与其学校工作满意度呈正相关，也就是说，提高大学生学校工作满意度对提高大学生主观幸福感非常重要。在这里，我们暂不去分析如何通过改进学校工作来提高大学生的满意度，而是假设在学校工作保持目前状态不变的前提下，如何提高大学生对学校工作的满意度。

学校工作对于大学生而言，是一个重要的环境。一般来说，对不可改变之环境，人们耐受力更强一些，尤其对于自然环境。比如，求学在北京，深感交通之拥挤，但人们不会因此离京而居，因为他已适应，基本上能忍受。但是，对于特定的环境，人们就不那么释然了。如大学生对于食堂里的饭菜，吃出一只苍蝇就会激起其愤怒的消极情感；此时，他可能不去想这是一个小概率事件，而是把这种情绪扩大到整个食堂甚至整个学校；此时，他感受不到幸福。

但是，我们必须认同，现实是不完满的。自己不完满、他人不完满、社会不完满、世界不完满。每个人每天面临很多变化，面临很多选择。行为心理学认为，当人们有更多的选择时，结果反而会变得更糟，因为他需要从中选择出最优项。但是世界上根本没有选择上的绝对最优，所以针对环境的变化，完美主义者将更加焦虑。正如卢梭的一段话："如果外界的事物一点都不改变，我们的心就会变，不是幸福离开我们，而是我们离开幸福。"① 所以，对变化理解、对生活满意、对环境认同，才会产生幸福。这并非在粉饰现实，而是需要正确认知现实。从这个意义上讲，宽容、忍耐是大学生提升主观幸福感的重要品质。

---

① ［法］卢梭. 爱弥儿（下卷）［M］. 北京：商务印书馆，2006：684－685.

第五章

幸福中介——人生态度与大学生
主观幸福感

本章使用《人生态度问卷》和《大学生主观幸福感问卷》进行调查。根据项目分析，人生态度共形成三个潜变量。第一个潜变量的测量指标包括"害怕与同学谈花钱方面的事""觉得穿得比别人差""不愿意参加班级的活动，特别是花钱的活动""与别人在一起有时感到自卑压抑"，定义为"自卑态度"；第二个潜变量包含的测量指标是"自我奋斗就能实现人生目标""贫穷的经历是一笔财富"，定义为"积极态度"；第三个潜变量包含的测量指标是"时常觉得自己能做好一件事情""空闲时经常与同学聊天娱乐"，定义为"自信态度"。

第一节　大学生主观幸福感在自卑态度上的差异分析

一、研究假设
总假设："自卑态度"对大学生主观幸福感影响显著。
假设1："自卑态度"对大学生快乐感影响显著。

假设 2："自卑态度"对大学生生活满意度影响显著。

假设 3："自卑态度"对大学生积极情感影响显著。

假设 4："自卑态度"对大学生消极情感影响显著。

二、统计结果

（一）"自卑态度"符合度与大学生主观幸福感的关系

以主观幸福感各维度的总分为因变量，对"自卑态度"进行单因素方差分析，得结果见表5.1。

表 5.1 自卑态度对大学生主观幸福感影响的平均数与标准差

自卑态度	符合度	快乐感			生活满意度		
		N	M	SD	N	M	SD
害怕花钱	非常不符合	311	6.1614	1.57072	314	5.1904	1.47003
	不太符合	352	5.7483	1.41210	354	4.8058	1.26684
	不确定	127	5.1071	1.43953	128	4.5261	1.16542
	比较符合	77	5.4312	1.41758	78	4.4604	1.20741
	非常符合	28	6.0500	1.77858	28	5.0235	1.34525
	总计	895	5.7830	1.52476	902	4.8769	1.34875
穿着攀比	非常不符合	333	5.9874	1.63013	333	5.1290	1.43178
	不太符合	333	5.8529	1.33321	336	4.9324	1.24777
	不确定	141	5.3121	1.53033	144	4.4071	1.19130
	比较符合	69	5.5159	1.59721	69	4.5503	1.28367
	非常符合	20	5.3800	1.65930	21	4.2857	1.63105
	总计	896	5.7813	1.52483	903	4.8769	1.34800
逃避活动	非常不符合	267	6.2097	1.55067	271	5.1495	1.36183
	不太符合	328	5.7488	1.38998	329	4.8732	1.29019
	不确定	147	5.5537	1.53213	148	4.7450	1.27758

续表

自卑态度	符合度	快乐感			生活满意度		
		N	M	SD	N	M	SD
逃避活动	比较符合	111	5.2595	1.39051	112	4.4357	1.26328
	非常符合	43	5.4651	1.97060	43	4.8020	1.76442
	总计	896	5.7799	1.52499	903	4.8775	1.34812
自卑压抑	非常不符合	292	6.2171	1.56266	295	5.1908	1.42563
	不太符合	315	5.7949	1.41717	317	4.8890	1.28522
	不确定	144	5.3833	1.41510	145	4.5967	1.20682
	比较符合	121	5.3058	1.46084	121	4.4628	1.17738
	非常符合	25	5.3040	1.94261	26	4.8165	1.84650
	总计	897	5.7866	1.52567	904	4.8814	1.34853
教学工作	教学工作评价	积极情感			消极情感		
		N	M	SD	N	M	SD
害怕花钱	非常不符合	311	5.7262	1.45011	305	3.3221	1.19123
	不太符合	353	5.4570	1.23825	348	3.6451	1.10700
	不确定	128	5.0430	1.19880	122	4.0092	1.16942
	比较符合	78	5.2778	1.33999	74	3.7855	1.12861
	非常符合	28	5.2679	1.62690	28	3.9911	1.35952
	总计	898	5.4697	1.34871	877	3.6063	1.17841
穿着攀比	非常不符合	332	5.6862	1.44411	263	3.3707	1.12957
	不太符合	334	5.5085	1.19740	323	3.6184	1.11856
	不确定	142	5.0481	1.28527	142	3.7368	1.27255
	比较符合	70	5.1881	1.34473	109	3.8601	1.05433
	非常符合	21	5.1587	1.71794	41	3.9848	1.56904
	总计	899	5.4683	1.34866	878	3.6105	1.17653

教学工作	教学工作评价	积极情感			消极情感		
		N	M	SD	N	M	SD
逃避活动	非常不符合	269	5.7485	1.32386	263	3.3707	1.12957
	不太符合	328	5.5437	1.19609	323	3.6184	1.11856
	不确定	146	5.1872	1.38449	142	3.7368	1.27255
	比较符合	113	5.0457	1.47956	109	3.8601	1.05433
	非常符合	43	5.2093	1.65595	41	3.9848	1.56904
	总计	899	5.4685	1.34867	878	3.6105	1.17653
自卑压抑	非常不符合	293	5.8191	1.34939	290	3.2332	1.12871
	不太符合	316	5.4399	1.32200	311	3.5932	1.14478
	不确定	145	5.2563	1.27127	141	3.9424	1.11168
	比较符合	121	5.0840	1.28725	111	4.0079	1.08414
	非常符合	25	4.9333	1.57307	26	4.3173	1.53469
	总计	900	5.4719	1.35106	879	3.6042	1.18024

由表5.1可以看出，除个别情况外，大学生对"自卑态度"的符合度随着从"非常不符合""不太符合""不确定""比较符合""符合"的顺序，快乐感、生活满意度、积极情感得分逐渐下降，消极情感得分逐渐上升。

（二）"自卑态度"对主观幸福感各维度变异的解释力

分别以快乐感、生活满意度、积极情感和消极情感为因变量，以"自卑态度"为自变量进行回归分析，结果见表5.2。

表 5.2 自卑态度对大学生主观幸福感各维度影响回归分析摘要表

主观幸福感	自卑态度情节	决定系数 R^2	F	标准化回归系数
快乐感	害怕花钱	0.027	24.568***	−0.164
	穿着攀比	0.020	18.010***	−0.141
	逃避活动	0.037	34.826***	−0.194
	自卑压抑	0.049	45.844***	−0.221
生活满意度	害怕花钱	0.023	21.535***	−0.153
	穿着攀比	0.035	33.103***	−0.188
	逃避活动	0.021	19.162***	−0.144
	自卑压抑	0.031	28.735***	−0.176
积极情感	害怕花钱	0.020	18.428***	0.142
	穿着攀比	0.024	21.708***	−0.154
	逃避活动	0.031	28.567***	−0.176
	自卑压抑	0.039	36.466***	−0.198
消极情感	害怕花钱	0.032	28.963***	0.179
	穿着攀比	0.034	31.246***	0.186
	逃避活动	0.023	21.065***	0.153
	自卑压抑	0.068	64.165***	0.261

* $p < 0.05$ **$p < 0.01$ ***$p < 0.001$

从表 5.2 可见，"自卑态度"各变量对快乐感、生活满意度、积极情感、消极情感所起的预测作用是不一致的。

1. "害怕花钱"分别可解释主观幸福感各维度变异的 2.7%、2.3%、2.0%、3.2%。

2. "穿着攀比"分别可解释主观幸福感各维度变异的 2.0%、3.5%、2.4%、3.4%。

3. "逃避活动"分别可解释主观幸福感各维度变异的 3.7%、

2.1%、3.1%、2.3%。

　　4.“自卑压抑”分别可解释主观幸福感各维度变异的4.9%、3.1%、3.9%、6.8%。

　　（三）“自卑态度”各变量对于主观幸福感的相对重要性

　　从表5.2得出“自卑态度”各变量解释大学生主观幸福感各维度的相对重要性顺序。

　　1.快乐感：“自卑压抑”“逃避活动”“害怕花钱”“穿着攀比”。

　　2.生活满意度：“穿着攀比”“自卑压抑”“害怕花钱”“逃避活动”。

　　3.积极情感：“自卑压抑”“逃避活动”“穿着攀比”“害怕花钱”。

　　4.消极情感：“自卑压抑”“穿着攀比”“害怕花钱”“逃避活动”。

第二节　大学生主观幸福感在积极态度上的差异分析

一、研究假设

　　总假设：“积极态度”对大学生主观幸福感影响显著。

　　假设1：“积极态度”对大学生快乐感影响显著。

　　假设2：“积极态度”对大学生生活满意度影响显著。

　　假设3：“积极态度”对大学生积极情感影响显著。

　　假设4：“积极态度”对大学生消极情感影响显著。

二、统计结果

（一）以主观幸福感各维度的总分为因变量，对"积极态度"进行单因素方差分析，得结果见表5.3。

表5.3 积极态度对大学生主观幸福感影响的平均数与标准差

积极态度	符合度	快乐感			生活满意度		
		N	M	SD	N	M	SD
自我奋斗	非常不符合	21	5.2857	1.76926	22	4.1143	1.25724
	不太符合	84	5.5881	1.49000	84	4.7510	1.43392
	不确定	214	5.5477	1.33225	214	4.7415	1.25142
	比较符合	321	5.8118	1.48652	325	4.8841	1.27471
	非常符合	258	6.0403	1.67636	260	5.0934	1.45693
	总计	898	5.7813	1.52710	905	4.8795	1.34851
穷是财富	非常不符合	41	5.5561	1.79305	42	4.8612	1.37928
	不太符合	71	5.4789	1.69755	70	4.5918	1.23227
	不确定	126	5.6587	1.34273	127	5.0234	1.27250
	比较符合	355	5.9121	1.41179	357	4.8619	1.30805
	非常符合	303	5.7789	1.63968	307	4.9058	1.44494
	总计	896	5.7808	1.52804	903	4.8786	1.34986
积极态度	符合度	积极情感			消极情感		
		N	M	SD	N	M	SD
自我奋斗	非常不符合	22	4.1143	1.25724	20	3.8500	1.48933
	不太符合	84	4.7510	1.43392	83	3.7048	1.11711
	不确定	214	4.7415	1.25142	206	3.5570	0.99208
	比较符合	325	4.8841	1.27471	318	3.6046	1.17494
	非常符合	260	5.0934	1.45693	253	3.5968	1.31865
	总计	905	4.8795	1.34851	880	3.6063	1.18031

续表

积极态度	符合度	积极情感			消极情感		
		N	M	SD	N	M	SD
穷是财富	非常不符合	43	5.4225	1.75645	42	3.4762	1.08595
	不太符合	70	5.1143	1.20538	70	3.7179	1.08006
	不确定	127	5.3517	1.15799	124	3.5827	1.12142
	比较符合	357	5.4622	1.34012	342	3.5614	1.22275
	非常符合	302	5.6120	1.39584	300	3.6579	1.19245
	总计	899	5.4679	1.35199	878	3.6058	1.18025

由表 5.3 可以得出以下结果：对于"自我奋斗"变量，随着"非常不符合""不太符合""不确定""比较符合""符合"的顺序，快乐感、生活满意度、积极情感得分逐渐上升，消极情感得分逐渐下降；对于"穷是财富"变量，没有明显的规律可寻，呈现出比较复杂的局面。

（二）"积极态度"对主观幸福感各维度变异的解释力

分别以快乐感、生活满意度、积极情感和消极情感为因变量，以"积极态度"为自变量进行回归分析，结果见表 5.4。

表 5.4 积极态度对大学生主观幸福感各维度影响回归分析摘要表

主观幸福感	积极态度	决定系数 R^2	F	标准化回归系数
快乐感	自我奋斗	0.016	14.807 ***	0.128
	穷是财富	0.003	2.910	0.057
生活满意度	自我奋斗	0.016	14.235 ***	0.125
	穷是财富	0.001	0.528	0.024
积极情感	自我奋斗	0.025	22.859 ***	0.157
	穷是财富	0.007	6.546 *	0.085

续表

主观幸福感	积极态度	决定系数 R^2	F	标准化回归系数
消极情感	自我奋斗	0	0.414	− 0.022
	穷是财富	0	0.245	0.017

* $p < 0.05$ **$p < 0.01$ ***$p < 0.001$

从表5.4可见，"积极态度"各变量对快乐感、生活满意度、积极情感、消极情感所起的预测作用是不一致的。

1. "自我奋斗"分别可解释主观幸福感各维度变异的1.6%、1.6%、2.5%、0%。

2. "穷是财富"可解释积极情感变异的0.7%。

（三）"积极态度"各变量对于主观幸福感的相对重要性

从表5.4得出"积极态度"解释大学生主观幸福感变异的相对重要性顺序。

1. 快乐感："自我奋斗"。

2. 生活满意度："自我奋斗"。

3. 积极情感："自我奋斗""穷是财富"。

4. 消极情感：无显著性。

第三节 大学生主观幸福感在自信态度上的差异分析

一、研究假设、模型设定

总假设："自信态度"对大学生主观幸福感影响显著。

假设1："自信态度"对大学生快乐感影响显著。

假设2："自信态度"对大学生生活满意度影响显著。

假设3："自信态度"对大学生积极情感影响显著。

假设4："自信态度"对大学生消极情感影响显著。

二、统计结果

（一）以主观幸福感各维度的总分为因变量，对"自信态度"进行单因素方差分析，得结果见表5.5。

表5.5　自信态度对大学生主观幸福感影响的平均数与标准差

自信态度	符合度	快乐感			生活满意度		
		N	M	SD	N	M	SD
自我实现	非常不符合	28	5.2000	1.59629	29	4.8059	1.53226
	不太符合	37	5.2054	1.43177	37	4.4479	1.07034
	不确定	115	5.2800	1.47608	116	4.6264	1.29018
	比较符合	352	5.6562	1.44495	352	4.7886	1.26755
	非常符合	361	6.1717	1.52388	366	5.0874	1.41970
	总计	893	5.7832	1.52372	900	4.8757	1.34703
人际关系	非常不符合	23	5.4870	1.97790	23	4.7292	1.66601
	不太符合	85	5.2588	1.46996	86	4.3983	1.28058
	不确定	100	5.5240	1.38558	100	4.7649	1.12143
	比较符合	361	5.6903	1.41395	363	4.8298	1.27615
	非常符合	325	6.1157	1.60082	329	5.1014	1.44520
	总计	894	5.7801	1.52574	901	4.8780	1.34924
自信态度	符合度	积极情感			消极情感		
		N	M	SD	N	M	SD
自我实现	非常不符合	29	5.1839	1.45797	28	3.5580	1.29658
	不太符合	37	5.0586	1.35185	36	3.9132	1.08842

自信态度	符合度	积极情感			消极情感		
		N	M	SD	N	M	SD
自我实现	不确定	114	4.9649	1.26434	114	3.9496	1.07987
	比较符合	353	5.3588	1.23851	340	3.6276	1.13957
	非常符合	363	5.7952	1.39212	357	3.4450	1.21759
	总计	896	5.4674	1.34866	875	3.6046	1.17806
人际关系	非常不符合	23	5.1377	1.58086	22	3.1477	1.02400
	不太符合	85	5.1059	1.41931	85	3.8794	1.14051
	不确定	100	5.0767	1.33068	96	3.7148	1.10883
	比较符合	363	5.4022	1.19095	358	3.6459	1.12661
	非常符合	326	5.7776	1.42231	315	3.4853	1.25819
	总计	897	5.4675	1.34968	876	3.6059	1.17865

由表5.5可以得出以下结果：对于"自信态度"的两个变量，随着"非常不符合""不太符合""不确定""比较符合""符合"的顺序，快乐感、生活满意度、积极情感得分逐渐上升，消极情感得分逐渐下降，但趋势较缓。

（二）"自信态度"对主观幸福感各维度变异的解释力

分别以快乐感、生活满意度、积极情感和消极情感为因变量，以"自信态度"为自变量进行回归分析，结果见表5.6。

表5.6　自信态度对大学生主观幸福感各维度影响回归分析摘要表

主观幸福感	自信态度	决定系数 R^2	F	标准化回归系数
快乐感	自我实现	0.047	43.728***	0.216
	人际关系	0.029	26.977***	0.171
生活满意度	自我实现	0.014	13.151***	0.120
	人际关系	0.020	23.615***	0.140

续表

主观幸福感	自信态度	决定系数 R^2	F	标准化回归系数
积极情感	自我实现	0.037	34.795***	0.193
	人际关系	0.032	29.316***	0.178
消极情感	自我实现	0.013	11.152**	−0.112
	人际关系	0.004	3.184	−0.060

* $p < 0.05$ **$p < 0.01$ ***$p < 0.001$

从表5.6可见，"自信态度"各变量对快乐感、生活满意度、积极情感、消极情感所起的预测作用是不一致的。

1. "自我实现"可解释主观幸福感各维度变异的 4.7%、1.4%、3.7%、1.3%。

2. "人际关系"可解释快乐感、生活满意度、积极情感变异的 2.9%、2.0%、3.2%。

（三）"自信态度"各变量对于主观幸福感的相对重要性

从表5.6得出"自信态度"各变量解释大学生主观幸福感各维度的相对重要性顺序。

1. 快乐感："自我实现""人际关系"。

2. 生活满意度："人际关系""自我实现"。

3. 积极情感："自我实现""人际关系"。

4. 消极情感："自我实现"。

第四节　大学生主观幸福感在人生态度上的差异分析

为了进一步探讨具体是哪些变量更显著地影响着大学生主观幸福感，我们分别以主观幸福感各维度为因变量，以显著影响各维度的变量为自变量，进行多元回归分析，以确定产生影响的具体变量。

一、变量选择

根据前文研究结果，从"自卑态度""积极态度""自信态度"中各选出一个对大学生主观幸福感影响力最大的变量，结果如下：

1. 快乐感。"自卑压抑""自我奋斗""自我实现"。
2. 生活满意度。"穿着攀比""自我奋斗""人际关系"。
3. 积极情感。"自卑压抑""自我奋斗""自我实现"。
4. 消极情感。"自卑压抑""自我奋斗""自我实现"。

二、多元回归分析和优势分析

（一）对快乐感影响显著的因素："自卑压抑""自我奋斗""自我实现"，对之进行多元回归分析和优势分析。

表5.7 自卑压抑、自我奋斗、自我实现三个指标预测快乐感时的相对贡献

模型中的变量	R^2	增值贡献 $\triangle R^2$		
		X_1（自卑压抑）	X_2（自我奋斗）	X_3（自我实现）
$K=0$ 时 平均贡献	0	0.049	0.016	0.047
X_1	0.049	—	0.013	0.032
X_2	0.016	0.046	—	0.041
X_3	0.047	0.034	0.010	—
$K=1$ 时 平均贡献		0.040	0.012	0.037
$X_1 X_2$	0.062	—	—	0.029
$X_1 X_3$	0.081	—	0.010	—

续表

模型中的变量	R^2	增值贡献 $\triangle R^2$		
		X_1（自卑压抑）	X_2（自我奋斗）	X_3（自我实现）
X_2X_3	0.057	0.034	—	—
$K=2$ 时 平均贡献		0.034	0.010	0.029
$X_1X_2X_3$	0.091	—	—	—
总平均贡献		0.041	0.013	0.038

注：多元回归方程中的 R^2、标准化回归系数见附录 2，表 5.8、5.9、5.10 同。

优势定性分析表明："自卑压抑"完全优势于"自我实现"和"自我奋斗"。做进一步的优势定量分析，结果是"自卑压抑"占已知方差的 44.6%，"自我实现"占已知方差的 41.3%，"自我奋斗"占已知方差的 14.1%。这一结果直观地表明，在预测大学生快乐感时，"自卑压抑"最重要，然后依次为"自我实现"和"自我奋斗"。

（二）对生活满意度影响显著的因素："穿着攀比""自我奋斗""人际关系"，对之进行多元回归分析和优势分析。

表 5.8　穿着攀比、自我奋斗、人际关系三个指标预测生活满意度时的相对贡献

模型中的变量	R^2	增值贡献 $\triangle R^2$		
		X_1（穿着攀比）	X_2（自我奋斗）	X_3（人际关系）
$K=0$ 时 平均贡献	0	0.035	0.016	0.020
X_1	0.035	—	0.016	0.014
X_2	0.016	0.035	—	0.018
X_3	0.020	0.029	0.014	—
$K=1$ 时 平均贡献		0.032	0.015	0.016
X_1X_2	0.051	—	—	0.012

续表

模型中的变量	R^2	增值贡献$\triangle R^2$		
		X_1（穿着攀比）	X_2（自我奋斗）	X_3（人际关系）
$X_1 X_3$	0.049	—	0.014	—
$X_2 X_3$	0.034	0.029	—	—
$K=2$ 时 平均贡献		0.029	0.014	0.012
$X_1 X_2 X_3$	0.063	—	—	—
总平均贡献		0.030	0.015	0.018

优势定性分析表明："穿着攀比"完全优势于"自我奋斗""人际关系"，结果是"穿着攀比"占已知方差的47.6%，"自我奋斗"占已知方差的23.8%，"人际关系"占已知方差的28.6%。这一结果直观地表明，在预测大学生生活满意度时，"穿着攀比"最重要，"人际关系""自我奋斗"重要程度依次排列。

（三）对积极情感影响显著的因素："自卑压抑""自我奋斗""自我实现"，对之进行多元回归分析和优势分析。

表5.9 自卑压抑、自我奋斗、自我实现三个指标预测积极情感时的相对贡献

模型中的变量	R^2	增值贡献$\triangle R^2$		
		X_1（自卑压抑）	X_2（自我奋斗）	X_3（自我实现）
$K=0$ 时 平均贡献		0.039	0.025	0.037
X_1	0.039	—	0.023	0.027
X_2	0.025	0.037	—	0.031
X_3	0.037	0.029	0.019	—
$K=1$ 时 平均贡献		0.033	0.021	0.029
$X_1 X_2$	0.062	—	—	0.022
$X_1 X_3$	0.066	—	0.018	—
$X_2 X_3$	0.056	0.028	—	—

模型中的变量	R^2	增值贡献 $\triangle R^2$		
		X_1（自卑压抑）	X_2（自我奋斗）	X_3（自我实现）
$K=2$ 时 平均贡献		0.028	0.018	0.022
$X_1X_2X_3$	0.084	—	—	—
总平均贡献		0.033	0.021	0.029

优势定性分析表明："自卑压抑"完全优势于"自我实现""自我奋斗"。做进一步的优势定量分析，结果是"自卑压抑"占已知方差的39.8%，"自我实现"占已知方差的34.9%，"自我奋斗"占已知方差的25.3%。这一结果直观地表明，在预测大学生积极情感时，"自卑压抑"最重要，"自我实现""自我奋斗"依次排列。

（四）对消极情感影响显著的因素："自卑压抑""自我奋斗""自我实现"，对之进行多元回归分析和优势分析。

表5.10　自卑压抑、自我奋斗、自我实现三个指标预测消极情感时的相对贡献

模型中的变量	R^2	增值贡献 $\triangle R^2$		
		X_1（自卑压抑）	X_2（自我奋斗）	X_3（自我实现）
$K=0$ 时 平均贡献		0.068	0	0.013
X_1	0.068	—	—0.001	0.003
X_2	0	0.067		0.013
X_3	0.013	0.058	0	—
$K=1$ 时 平均贡献		0.063	0	0.008
X_1X_2	0.067	—	—	0.005
X_1X_3	0.071	—	0.001	—
X_2X_3	0.013	0.059	—	—
$K=2$ 时 平均贡献		0.059	0	0.005

模型中的变量	R^2	增值贡献 $\triangle R^2$		
		X_1（自卑压抑）	X_2（自我奋斗）	X_3（自我实现）
$X_1 X_2 X_3$	0.072	—	—	—
总平均贡献		0.063	0	0.009

优势定性分析表明："自卑压抑"完全优势于"自我奋斗""自我实现"。做进一步的优势定量分析，结果是"自卑压抑"占已知方差的87.5%，"自我奋斗"占已知方差的0%，"自我实现"占已知方差的12.5%。这一结果直观地表明，在预测大学生消极情感时，"自卑压抑"最重要，"自我实现""自我奋斗"依次排列。值得注意的是，"自我奋斗"几乎不对消极情感产生影响。

第五节　分析与讨论

一、"自卑态度""积极态度""自信态度"与大学生主观幸福感

本研究用"自卑态度""积极态度""自信态度"三簇变量考察人生态度在大学生主观幸福感的四个维度（快乐感、生活满意度、积极情感、消极情感）上的差异。

本研究的结果表明：三簇变量对主观幸福感的影响各有侧重。具体到各个变量，"害怕花钱""穿着攀比""逃避活动""自卑压抑"对大学生快乐感、生活满意度、积极情感、消极情感影响均极其显著；"自我奋斗"很显著地影响了快乐感、生活满意度，极其显

著地影响了积极情感;"自我实现"极其显著地影响了快乐感、积极情感,很显著地影响了生活满意度、消极情感;"人际关系"极其显著地影响了快乐感、生活满意度、积极情感,显著地影响了消极情感。

二、影响大学生主观幸福感的变量分析

(一)影响大学生快乐感的变量分析

本研究发现,"害怕花钱""穿着攀比""逃避活动""自卑压抑"均为选择非常不符合者快乐感程度最高,在总体上随非常不符合、不太符合、不确定、比较符合、非常符合次序下降;"自我奋斗""自我实现""人际关系"均为选择非常符合者快乐感程度最高,在总体上随非常不符合、不太符合、不确定、比较符合、非常符合次序上升。总结规律发现,凡拥有积极人生态度者,快乐感强,随着人生态度从积极转向消极,大学生的快乐感逐渐降低。

值得关注的一个变量"穷是财富",没有完全呈现出这个趋势。以"穷是财富"为例,研究"家庭经济状况"与"穷是财富"的关系。

表 5.11　家庭经济、穷是财富在快乐感上的平均数和标准差

家庭经济状况	穷是财富	平均值	标准差	N
很好	不同意	5.4000	0	1
	不确定	4.8000	0	1
	基本同意	5.5600	1.47919	5
	完全同意	4.4800	2.03273	5
	总计	5.0333	1.60643	12

家庭经济状况	穷是财富	平均值	标准差	N
较好	完全不同意	6.1429	1.65213	7
	不同意	6.3167	1.36571	12
	不确定	6.1357	1.35652	28
	基本同意	6.0143	1.33912	56
	完全同意	5.7800	1.60410	60
	总计	5.9767	1.45235	163
一般	完全不同意	5.2690	1.81287	29
	不同意	5.2383	1.72734	47
	不确定	5.5471	1.37974	87
	基本同意	5.8584	1.40614	243
	完全同意	5.7464	1.69212	183
	总计	5.6992	1.55212	589
较差	完全不同意	6.2667	2.38607	3
	不同意	5.0889	1.47007	9
	不确定	5.4667	0.35024	6
	基本同意	6.0308	1.57048	39
	完全同意	5.9955	1.41453	44
	总计	5.9050	1.47502	101
很差	完全不同意	6.6000	0.56569	2
	不同意	7.9000	1.55563	2
	不确定	5.5333	0.80829	3
	基本同意	6.3778	1.44376	9
	完全同意	6.0364	1.58194	11
	总计	6.2741	1.43596	27

由表5.11可以看出，我们从"穷是财富"中挑出"完全同意"

项的快乐感，发现在"家庭经济状况"为"很好"中排第四、在"较好"中排第五、在"一般"中排第二、在"较差"中排第三、在"很差"中排第三，没有明确的规律可言，说明大学生在这个"穷是财富"这个问题上人生态度比较模糊。

（二）影响大学生生活满意度的变量分析

总结规律发现，凡拥有积极人生态度者，生活满意度高，随着人生态度从积极转向消极，大学生生活满意度逐渐降低。

"穷是财富"仍然没有完全呈现出这个趋势。其原因也可能是由于大学生在这个问题上的态度模糊。

（三）影响大学生积极情感的变量分析

总结规律发现，凡拥有积极人生态度者，积极情感强，随着人生态度从积极转向消极，大学生的积极情感逐渐降低。

（四）影响大学生消极情感的变量分析

总结规律发现，凡拥有积极人生态度者，消极情感弱，随着人生态度从积极转向消极，大学生的消极情感逐渐上升。

三、人生态度中对大学生主观幸福感的影响最重要的变量分析

本研究结果表明："自卑压抑"对大学生快乐感、积极情感和消极情感影响最显著，解释了快乐感的 4.9%、积极情感的 3.9%、消极情感的 6.8%；"穿着攀比"对生活满意度影响最为显著，解释了生活满意度的 3.5%。

本研究发现，在人生态度这簇变量中，"自卑态度"对大学生主观幸福感影响力最大。心理学研究证明：每个人都有不同程度的自卑感，因为我们发现所处的地位是我们希望改进的①。可见，自卑不仅对于主观幸福感，对于人生而言，也是一个不能回避的重要问题。所以，挑战自卑，增强自信，是获得幸福的重要条件。从这个意义上讲，自信是大学生的重要美德。

---

① ［奥］阿德勒. 挑战自卑［M］. 北京：华龄出版社，1996：38.

第六章

幸福储备、幸福收入与幸福中介的关系

过去人们的研究，更多地关注变量对幸福感影响的结果，而忽视了变量影响幸福的机制。换句话说，即幸福是如何产生的。巴伦（Baron）和肯尼（Kenny）认为研究者们往往没有考虑第三种因素——控制变量；因而，当在研究变量与幸福感之间加入控制变量时，这种关系就下降并且被控制变量间接地作用。这种控制变量又可以称为中介（mediator）变量，它在自变量和因变量之间发挥着驱动力的作用①。本质上，中介变量解释了这些效果怎样发生和为什么会发生。在研究设计中，我们假设背景变量为幸福储备、学校工作为幸福收入、人生态度为幸福中介，在本章，将对这个假设进行验证。

---

① Baron R M, Kenny D A. The moderator – mediator variable distinction in social psychological research: conceptual, strategic, and statistical considerations [J]. Journal of Personality and Social Psychology, 1986 (51): 1173 – 1182.

第一节 验证幸福储备、幸福收入与幸福中介的关系

一、幸福储备与幸福收入的关系

幸福储备和幸福收入的比较可以通过两种方式实现：第一，各选择一个对主观幸福感影响力最大的变量为自变量，比较其影响力；第二，计算两簇变量对主观幸福感各维度影响力的平均值，然后进行比较。

（一）学校工作和背景变量中对主观幸福感影响力最大变量比较

1. 学校工作和背景变量中对大学生快乐感影响最显著的变量分别为专业课程和院系。根据表3.6可知，院系对大学生快乐感的决定系数R^2值为0.021；根据表4.3可知，专业课程对大学生快乐感的决定系数R^2值为0.037。专业课程大于院系。

2. 学校工作和背景变量中对大学生生活满意度影响最显著的变量分别为专业课程和院系。根据表3.6可知，院系对大学生生活满意度的决定系数R^2值为0.027，根据表4.3可知，专业课程对大学生生活满意度的决定系数R^2值为0.090。专业课程大于院系。

3. 学校工作和背景变量中对大学生积极情感影响最显著的变量分别为专业课程和高中成绩。根据表3.6可知，高中成绩对大学生积极情感的决定系数R^2值为0.010；根据表4.3可知，专业课程对大学生积极情感的决定系数R^2值为0.039。专业课程大于高中成绩。

4. 学校工作和背景变量中对大学生消极情感影响最显著的变量分别为专业课程和当前成绩。根据表3.6可知，当前成绩对大学生

消极情感的决定系数R^2值为0.026；根据表4.3，专业课程对大学生消极情感的决定系数R^2值为0.021。当前成绩大于专业课程。

（二）两簇变量对大学生主观幸福感各维度影响力比较

表6.1列出了背景变量、学校工作对大学生主观幸福感各维度的贡献率及平均贡献率。比较二者的平均值得出：学校工作对大学生快乐感、生活满意度和积极情感的平均贡献率在三个维度上均高于背景变量；在消极情感上学校工作稍低于背景变量。

表6.1 背景变量、学校工作对大学生主观幸福感贡献率比较

	贡献率			
	快乐感	生活满意度	积极情感	消极情感
背景变量	0.8%	1.2%	0.8%	1.0%
学校工作	1.6%	4.0%	2.1%	0.8%

（三）根据以上证明，学校工作对大学生主观幸福感的总体变异的影响力大于背景变量。这个结果在一定程度上验证了背景变量作为幸福储值、学校工作作为幸福收入的假设。

二、幸福收入与幸福中介的关系

为了检测人生态度在学校工作与主观幸福感之间的中介作用，我们以主观幸福感四个维度的总分、学校工作总分和人生态度总分为变量设计了三个回归方程。第一个回归方程考察学校工作对中介变量的预测作用；第二个回归方程考察学校工作对主观幸福感的预测作用；第三个回归方程则考察学校工作与中介变量对大学生主观幸福感的共同的预测作用。为了确定中介变量的调节作用，我们需证明如下假设：在第一个回归方程中，自变量学校工作将影响中介变量人生态度；而在第二个回归方程中，自变量学校工作将影响因变量主观幸福感；在第三个回归方程中，自变量学校工作和中介变量人生态度将影响因变量主观幸福感。如果满足了上述条件，那么自变量学校工作对因变量主观幸福感的影响在第三个回归方程中就比在第二个回归方程中更小。

表6.2表明，在第一个回归方程中，学校工作显著地影响了人生态度解释了人生态度2.6%的变异。在第二个回归方程中（见表6.3），学校工作对主观幸福感的影响也是显著的，解释了快乐感变异的2.6%、生活满意度变异的6.5%、积极情感变异的4.0%、消极情感变异的1.3%。在第三个方程中（见表6.4），我们可以发现，学校工作和人生态度显著地影响了主观幸福感，它们共同解释了快乐感变异的11.5%、生活满意度变异的13.0%、积极情感变异的11.9%、消极情感变异的9.4%。从这三个方程中，我们发现，当人生态度变量出现时，学校工作对快乐感的标准化回归系数由0.162下降到0.116，对生活满意度的标准化回归系数由0.256下降到0.210，对积极情感的标准化回归系数由0.201下降到0.151，对消极情感的标准化回归系数由 -0.115 下降到 -0.068 。因此，尽管在第三个方程中，学校工作对主观幸福感仍有显著的影响，但这些影响中下降的部分是由人生态度引起的。因此，人生态度是学校工作和主观幸福感之间的一个中介变量。

表6.2 幸福收入对幸福中介的回归分析

	人生态度		
	标准化回归系数	R^2	F
学校工作	-0.162	0.026	23.503[***]

* $p < 0.05$ **$p < 0.01$ ***$p < 0.001$

表6.3 幸福收入对主观幸福感的回归分析

	快乐感		
	标准化回归系数	R^2	F
学校工作	0.162	0.026	23.684 ***
	生活满意度		
	标准化回归系数	R^2	F
学校工作	0.256	0.065	61.850 ***
	积极情感		
	标准化回归系数	R^2	F
学校工作	0.201	0.040	36.941 ***
	消极情感		
	标准化回归系数	R^2	F
学校工作	− 0.115	0.013	11.612 ***

* $p < 0.05$ **$p < 0.01$ ***$p < 0.001$

表6.4 幸福收入、幸福中介对主观幸福感的回归分析

	快乐感		
	标准化回归系数	R^2	F
学校工作	0.116	0.115	55.942 ***
人生态度	− 0.301		
	生活满意度		
	标准化回归系数	R^2	F
学校工作	0.210	0.130	64.933 ***
人生态度	− 0.261		
	积极情感		
	标准化回归系数	R^2	F
学校工作	0.151	0.119	58.396 ***
人生态度	− 0.285		

	消极情感		
	标准化回归系数	R^2	F
学校工作	−0.068	0.094	43.699***
人生态度	0.288		

* $p < 0.05$ **$p < 0.01$ ***$p < 0.001$

第二节 主观幸福感结构方程模型

一、结构方程简介

结构方程模型（Structural Equation Modeling，简称 SEM），被称为近代统计学三大进展之一。在社会科学中，有许多变量难以准确和直接测量，结构方程能较好地解决这个问题，因为它可同时处理多个因变量，并容许自变量及因变量含测量误差；它既研究可观测变量，也研究不能直接观测的变量（潜变量）；它不仅能研究变量之间的直接作用，还可研究变量之间的间接作用，并通过路径图直观地显示变量之间的关系；通过结构方程模型，研究者可构建出潜变量之间的关系，并验证这种结构关系是否合理①。

结构方程模型分为测量模型和结构模型。测量模型用来描述指标与潜变量间的关系，通常写成如下测量方程：

$$x = \Lambda x\xi + \delta$$
$$y = \Lambda y\eta + \varepsilon$$

① 曲波，郭海强. 结构方程模型及其应用 [J]. 中国卫生统计，2005：405 – 407.

其中,x 为外源指标组成的向量,y 为内生指标组成的向量,Λx 是外源指标与外源潜变量之间的关系,是外源指标在外源潜变量上的因子负荷矩阵;Λy 是内生指标与内生潜变量(如生活满意度、积极情感、消极情感与主观幸福感)之间的关系,是内生指标在内生潜变量上的因子负荷矩阵;δ 指外源指标的误差项;ε 指内生指标的误差项。

结构模型用来描述潜变量间的关系,通常写成如下结构方程:

$$\eta = B\eta + \Gamma\xi + \zeta$$

其中 η 为内生潜变量(主观幸福感);ξ 为外源潜变量(学校工作);B 是指内生潜变量之间的关系(如生活满意度与其他内生潜变量的关系);Γ 是指外源潜变量对内生潜变量的影响(如学校工作对主观幸福感的影响);ζ 是结构方程的残差项,反映了 η 在方程中未能被解释的部分。

本研究主要使用结构方程模型探究各测量变量与主观幸福感各维度之间、主观幸福感及其各维度之间的关系。

二、主观幸福感结构方程

通过文献回顾和前面验证,我们发现主观幸福感与其各维度之间有着密切关系。通过前几章的研究,我们还发现,各测量变量对主观幸福感的各维度影响程度不同。了解它们之间的结构关系,对于幸福感研究意义重大。因此非常有必要对主观幸福感各维度之间的结构关系进行考察。

结构方程模型是探究理论、概念之间关系和结构的统计方法。本研究采用极大似然法,通过 Lisrel 软件进行结构模型估计。首先,我们进行了探索性的结构方程模型分析。根据理论背景,建立了两种可能模型。然后,进行了结构方程模型的探索性分析,并在分析过程中选择一个各项拟合指数较好的模型。最后，对最优模型进行验证性的结构方程模型分析。

表6.5列出了使用极大似然法进行估计得到的两个模型的拟合指数

表6.5 大学生主观幸福感结构模型的拟合指标

指标	X^2	df	χ^2/df	GFI	NNFI	CFI	IFI	RMSEA
模型1	1878.86	246	7.64	0.85	0.93	0.93	0.93	0.08
模型2	1884.59	247	7.63	0.85	0.93	0.93	0.93	0.08

根据模型比较的原理，如果增加自由参数后，卡方非常显著地减少，说明增加自由参数是值得的。如果减少自由参数后，卡方没有显著地增加，说明减少自由参数是值得的①。由上表可知，两个假设模型拟合指标都达到了统计学标准，但是根据简洁原则以及模型比较的原理，我们选择模2，其结构方程模型如图6.1所示。

进一步分析主观幸福感各维度之间的关系，可以得出如下结论。

第一，各条路径都非常显著，但都指向快乐感，由此可以证明主观幸福感可以用快乐感代替，而主观幸福感结构应为三维度即生活满意度、积极情感、消极情感。

第二，生活满意度是积极情感与主观幸福感之间的一个控制（中介）因素，它既直接影响主观幸福感（快乐感），同时作为积极情感的中介因素影响主观幸福感（快乐感）。

第三，积极情感对主观幸福感（快乐感）具有最强的正向效应，同时对生活满意度也有着非常大的影响；因此，可以认为，积极情感是生活满意度的重要来源。

---

① 侯杰泰. 结构方程模型及其应用［M］. 北京：教育科学出版社，2007：75.

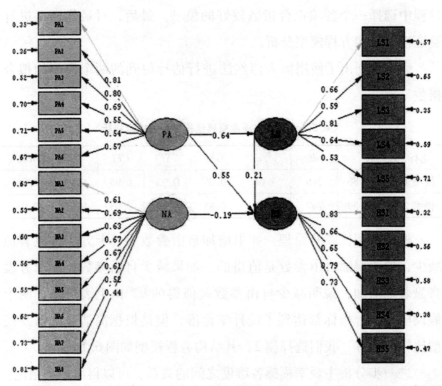

第四，消极情感对主观幸福感（快乐感）具有负向效应，但非常小；消极情感和生活满意度之间，消极情感和积极情感之间并不相关，这个发现非常值得我们注意。

三、进一步的分析：量表的视角

1. 快乐感问卷共5个题目，得分最高的是第1题"请评价一下到目前为止你的生活中快乐/不快乐程度"，直接效应为0.83，说明"目前快乐"对快乐感效应最强。

2. 生活满意度问卷共5个题目，得分最高的是第3题"我对我的生活满意"，直接效应为0.81，说明"生活满意"对生活满意度效应最强。

3. 积极情感问卷共 6 个题目，得分最高的是第 1 题"愉快"，直接效应为 0.81，说明"愉快"对积极情感效应最强。

4. 消极情感问卷共 8 个题目，得分最高的是第 2 题"难过"，直接效应为 0.69，说明"难过"对消极情感效应最强。

如果让我们用几个最简单的词来描述一个人的主观幸福感是什么，那么，根据图 6.1 及以上分析，我们可以用"快乐""生活满意""愉快"和"不难过"来描述。

四、进一步的思索：理论的视角

直至目前，我们仍在思索，幸福到底从哪里来？根据前面分析，在理论上得出如下新的结论：

（一）快乐感就是主观幸福感，而积极、自信的人生态度是获得幸福的前提、基础和源泉；

（二）幸福是在"趋避"过程中实现的；

（三）满足和愉悦是获得幸福的表象。

第三节 关于幸福理论的进一步探讨

通过文献研究，我们发现：人生就是一个"趋避"的过程；通过研究学校工作与大学生主观幸福感的关系，我们发现：知足的人是幸福的；通过研究人生态度与大学生主观幸福感的关系，我们发现：自信的人是幸福的；通过对主观幸福感结构模型的分析，我们发现：积极是幸福的源泉；研究背景变量与大学生主观幸福感的关系，我们发现：优秀的大学生是幸福的。我们在实际考察中发现：

优秀大学生无不具备知足、积极、自信等特征和品质。综上所述，如果一定要给幸福下一个定义，本文给出的答案就是：主观幸福感是主体在积极、自信的趋避中所感觉到的满足和愉悦。

一、幸福 = 知足 + 积极 + 自信

（一）知足

世界是在不断运动的，所以幸福感总是在幸福储存的基础上增加或减少，这就是幸福收入。幸福收入和情境的变化以及人生态度密切相关，对它最好的解释就是"对情境改变的满意程度"。一个人无论环境怎样改变，都能从容适应，那么，他对情境改变的评价是好的、正向的，那么，他的幸福收入将是正值，主观幸福感将是提高的。如果情境改变了，他不能适应，他对情境改变的评价是不好的、负向的，那么，他的幸福收入将是负值，主观幸福感将是下降的。

如果不能对情境的变化适应、理解和宽容，即不能产生知足感，就不能对自己、对他人、对客观世界产生满足感，将永远不会有正向的幸福收入，永远不会获得幸福！

（二）积极

积极的人生态度会促进一个人对情境的变化产生满足感。同时，满足情境的变化将会促使一个人产生积极情绪，二者是相辅相成的。只有拥有了积极的、符合主流的人生态度时，一个人才可能体会到更多的幸福感。

在现实中，积极的符合主流的人生态度将使人获得极大的幸福感，因为他的人生态度观是顺风的、乘势而进的；消极的不符合主流的人生态度将使幸福感极大地降低，因为他的价值观是逆风的、

逆流而进的。积极的人生态度不一定符合主流，符合主流的人生态度不一定积极。例如，我们都在追求高品质的生活质量，但是，城市化的加速会造成资源的紧缺，一辆辆汽车的上路会促进环境恶化……我们去迎合这些主流，是积极的，但对于地球的环境保护却是消极的。积极与符合主流二者之间经常会发生冲突，从而产生矛盾。此时欲获得幸福，需要主体的自信。

（三）自信

不得不承认，人的认识是有限的，总有人想不到的事情；世界是无限大的，总有人到不了的地方；人的能力是有限的，总有人解决不了的问题……正是人的渺小与世界的宏大形成的强烈对比，才给人类造成了许多莫名的恐惧：对未知的恐惧、对未来的恐惧。不幸的根源，在本质上讲是对未来和未知的恐惧。

解决恐惧这个难题，办法有两个：一是道法自然，二是充满自信。有人认为，在生命的流程中，我们每天都会面对棘手的事情，处理复杂的矛盾，不论你怎样去做，有一点是必须要肯定的：我们只能在生命的过程中去满足，而不能在生命的终点时再享受，必须按照自然界的发展规律去思考和行事，这就是道法自然。自信就是要使人们充分相信自己、相信社会、相信未来，按照历史的经验，人类有能力解决好一切困难，每时每刻无不正在朝着更加美好的未来前进，个人的生活也会从中受益。一位作家的观点便体现出了面对恐惧的极强的个人自信："我们知道这是世界末日，我们感觉不错。"[1]

---

[1] ［美］丹尼尔·科顿姆. 教育为何是无用的 ［M］. 南京：江苏人民出版社，2005：156.

二、关于知足

如果不进行以下补充，恐怕有人会把知足当成禁欲主义。每个人生活在这个世界上，都会根据自身条件、外界环境、发展趋势，来为自己谋划未来，包括物质的、精神的、伦理的。随着时间的推移每个人都在从事着自己的工作、实践着自己的使命，同时，也满足着自己的欲望。

（一）知足不是不足。比如饮食，某人一餐可食一斤，可是只吃了二两，他肯定不饱；比如穿衣，某人腰围三尺，给他穿二尺的裤子，他肯定穿不下；在诸如此类的情况下，某人肯定不会知足。

（二）知足更不能过度。所谓过度，即超过了自身的能力和水平。某人一餐可食一斤，偏要吃两斤，肯定会吃撑；某人腰围三尺，偏要穿四尺的裤子，肯定不合身；在诸如此类的情况下，某人肯定会过度。

（三）知足必须是不感匮乏。足是一个度，是一个人力所能及的限度。某人一餐可食一斤，就吃一斤；某人腰围三尺，就穿三尺；知足就是适度，恰到好处。

（四）知足是一种能力。人的欲望是无穷的，不易得到满足，但是任何人都不能在欲望中生活，而是应该在满足中生活。达到知足，需要从三个方面入手：第一，积极趋避，提高能力，适度地占有客体；第二，调整欲望，使欲望和能力一致，当然，调整欲望本身也是一种能力；第三，把知足而不是禁欲或者是享乐当作人生的目标去追求。所以，知足是一种能力，是一种境界，是一种特质。

第七章

构建以学生幸福为目标的高等教育

研究发现，大学生的主观幸福感水平是由幸福储备、幸福收入和幸福中介组成的。因为幸福储备具有稳定性，所以大学生的主观幸福感的变化主要取决于幸福收入和幸福中介。学校工作不仅在一定程度上决定了幸福收入，而且对幸福中介即人生态度的形成与发展亦发挥着重要作用。何况，即便是幸福储备中的各个变量，也并非与生俱来的，也需要教育的培育和文化的滋养。鉴于此，我们认为，教育可以培养幸福的人，所以有必要开展幸福教育。

第一节 幸福：教育的目的

构建幸福教育，首先要明确教育目的。我们认为，大学工作必须以培养人为核心，大学毕业生应该懂得生活、求知、认知和适应环境。研究三届中外大学校长论坛文集发现，校长们关心的问题可概为几类：大学特色、管理架构、师资队伍、专业建设和创新人才培养①。校长们已把大学当成一个公司，把校长当作一个职业，从大学本身论述大学。少有校长从大学对人类社会发展的重要性出发，从培养学生全面发展、适应社会、体味人生等方面进行深入论述的，更谈不上考虑学生幸福了，读来不能不产生大学教育"功利化"和大学治理"本末倒置"的感觉。同时，我们还发现，大学是以知识的专业化为标准进行内部分割的。毋庸质疑，专业的细化促进了知识迅猛的进步，但正是这种专业化打碎了知识的背景、整体性、复杂性，从而阻止了知识的综合和质的发展。例如，幸福，是人类永恒的追求，这一点本应在大学教育中处处体现；但事实上，它早已被分解在各学科专业中并逐渐淡化，甚至教书者都无人谈起。在大学，当前的事实是：幸福是每个人的追求，但不一定是教育者的职责。当前高等教育的这种困惑和遗憾正是本研究的动力。

一、幸福是教育的终极目的

亚里士多德认为："求知是人类的本性。"② 康德提出："只有人是需要教育的产物。"③ 杜威说："教育是生活的需要。"④ 历史上学者们提出了许多教育的目的，如韩愈提出的"传道、授业、解惑"，日本教育家小原国芳提出的"全人教育"，马克思提出的"全面发展的人"，但它们都不是教育的终极目的。教育的终极目的只有幸福，其他目的都是在人类历史长河中形成的教育目的序列，它们都

---

① 教育部中外大学校长论坛领导小组. 大学校长视野中的大学教育 [C]. 北京：中国人民大学出版社，2004：3-84.

② [古希腊] 亚里士多德. 形而上学 [M]. 北京：商务印书馆，1997：1.

③ 单中惠，杨汉麟. 西方教育学名著提要 [M]. 南昌：江西人民出版社，2000：171.

④ [美] 杜威. 民主与教育 [M] // 王承绪，译. 世界教育名著通览 [M]. 武汉：湖北教育出版社，1994：1.

指向终极但都不是终极。只有承认了幸福是教育的终极目的，教育才具有了灵魂与生命，从而更有利于促进这些教育目的的实现。

二、发展是教育的次极目的

无论是个人发展还是社会发展，都是追求幸福的必要条件。当然，有人认为教育的目的是获取知识、提高智力、发展品德，也有人认为教育的目的是使人社会化、功能化，更有人认为教育就是人生的一个阶段……它们都是从某个侧面阐述了教育的目的而没有从教育的本质功能上去解释这个概念。

教育的本质功能主要有两点：一是传授知识和经验，以保留和巩固人类业已形成的本质属性；二是提出发展要求，以改进和完善人的本质属性。从这个意义上讲，只有通过教育，才能不断提高下一代的生存和发展能力，使得人类生命和人类社会得以不断延续，人类的文明成果得以保存和传承，从而获得更大的幸福。

三、培养积极、自信和知足的学生是教育的现实目的

本研究发现：欲实现幸福，必先发展；欲实现发展，必须要具备积极、自信和知足的品质。

这是因为，第一，我们的幸福感是在环境中体验的，同时环境也带给我们外界的压力，我们要善于适应并在主观上认可环境的变化；第二，发展既给我们带来生活的进步，同时也带来竞争的压力，必须要用积极的心态去适应这些进步，应对压力；第三，个人在生活中难免会遇到一些暂时甚至一生都解决不了的困难，要有信心提高自己能力，有勇气战胜这些困难。所以，从获得幸福的角度，积极、自信和知足是学生最重要的品质。

第二节　改革大学工作

美国学者丹尼尔·科姆顿对当前教育进行了激烈的批评，认为"教育是无用的"。他指出教育无用的原因，在于"它打破了我们的常识，让我们脱离实际、脱离理想、丧失人性以外的东西、变得麻木、意志消沉、身体变得虚弱……"① 虽有过激之处，从幸福教育的角度进行辨析却也有一定道理。所以，教育改革势在必行。

一、教育内容改革

近代以来，科技和理性成为制约教育内容发展的主要因素，从"知识就是力量"到"什么知识最有价值"，人们已经被知识的魅力所折服，教育内容的过分"科学化"更是导致了人类精神上的危机，造就了大量单向度的人。这样的教育内容不利于学生全面认识客观世界，从而影响到其幸福收入和幸福中介。所以，教育内容必须改革。

（一）教育内容的整体性

世界正向着全球化方向前进，它需要的知识必定是整体的、多维的、跨学科的。当前高等教育对于知识的整体性及其相互关系的认识不足，造成目前高等教育的内容是孤立的、格式化的、快餐式的。

高等教育内容的整合，必须以人类幸福为主线。必须把知识背

---

① ［美］丹尼尔·科顿姆. 教育为何是无用的［M］. 南京：江苏人民出版社，2005：2–19.

景、知识发展和知识未来与人类幸福进行有机的联系，必须把知识的整体及各部分与人类幸福进行有机的联系，必须把知识中蕴含的政治的、经济的、社会的等各方面因素与人类幸福进行有机的联系……这样教育的内容才是整体的而不是孤立的，有机的而不是呆板的。学生掌握后才能形成对外界环境的统一的、整体的看法，从而更加有利于应对来自外界的压力。

（二）教育内容的伦理性

目前的地球和社会"危机四伏"，这自然会增加我们的不幸。世界及人类的过去、现在和未来应该为每位大学生所关注，从中可以了解世界运转以及人类生存与发展的规律，从而明白地球、人类、社会、个人之间的密切关系，从而更加尊重地球、认同社会、理解他人，从中获得幸福。当然，教育内容的伦理性改革不能通过增加一门课程来解决，而是需要将之力所能及地融入尽可能多的课程。

二、教育过程的改革

（一）教育过程的平等性

目前的教育中，实质上教师是主体，教师给予什么，学生只能接受什么。学生处于从属的地位，这恰恰是教育的失策之处，因为这样的教育并不能有效地调动学生学习的积极性，学习的幸福感更无从谈起。在教育实施的过程中，提升学生主体地位，激发学生的学习动机，倡导多种学习方法，允许学生自由表达，发表对知识的要求、理解与体验，在教学相长中体会到求知的乐趣以及学习的愉悦感。

（二）教育结果的励志性

教育不能只是知识的传递，更是人生态度的塑造，这一点贯彻在教育过程之中，体现在教育结果之上。在教育中只要是传授了各门学科的内容——诸学科的知识、技能，总会使学生增长某种见识，对世界、对社会形成一定的立场，并对人类的幸福形成某种观点。而这些观点会深深地影响学生的人生态度，从而影响到学生的主观幸福感，乃至他们的未来。

三、教师培训的改革

毋庸质疑，教师也是在相对封闭的专业化的模型中铸造出来的，超出这种专业化的认识和教育在他们看来是非本职的。虽然每一位教育者都有自己关于宇宙、关于世界、关于社会、关于人生、关于治学、关于追求幸福的观念，但事实上这些观念也可能是不系统的、零碎的，并带有极强的随意性。所以，除了对教师的教育技术培训以外，对教师教育理念幸福化和知识结构整体化的培训也是势在必行的。

四、教育评价的改革

目前的教育评价更多在强调学生的学习成绩和是否遵从当前道德规范，而对于学生个人的生活意义关注得不够。因而，这种评价在给个别"优秀"学生带来幸福的同时，会给大多数"不"优秀的学生带来不幸。这种评价在本质上更加容易对教师的"政绩"进行评判。如果我们将教育的终极目的定位于促进人的幸福，那么教育也应该以个人的幸福为终极目标和参照系，而不能过分强调教育评价的"政绩"功能。所以，教育评价的范围除了知识获取方面的以外，更应该将积极、自信、知足的美德评价融入其中。同时，评价应该个性化，还应将学生的自我评价纳入其中。

第三节　关于 A 大学学校工作的分析与建议

一、教学工作

（一）专业课程。根据研究结果，专业课程是影响大学生主观幸福感变异最重要的变量。这就要求我们的专业和课程的设置应该充分考虑到学生追求幸福这一终极目标、个人发展这一次级目标，以提升学生的能力、价值和幸福为现实目标。

A 大学的专业设置既考虑了教育的本质和功能，又考虑了市场需求及学生发展需求，建构了以材料、设计、贸易为架构的现代教育体系。课程设置注重传统与现代的融合，处处体现出科学与艺术完美结合的期待和追求。

从上面材料可以看出，在 A 大学建构的现代教育体系中，并没有涉及 X 系和 Y 系的专业，而这两个系恰恰是大学生快乐感和生活满意度最低的两个系。对此，X 系学生的看法是：

在我们学校，X 系是最不受重视的一个系，我们的专业最差、教授最少、教学条件最差……而且，毕业生的就业前景也不好。

应该说，对所学专业的看法以及由此而引发的对自己未来的担心是 X 系学生主观幸福感低的最重要的原因。欲提高他们的主观幸福感，从学校层面上必须重视该系的专业建设，加大投入，进行专业改造，引进和培养高水平的教师，提高毕业生就业质量，这样该系学生才会提高对学校工作的满意度，进而提高大学生主观幸福感。

（二）教育技术。教育技术是对大学生主观幸福感影响力次重要的变量。教育技术主要体现在课程的实施过程中。

A大学除了常规的教育技术以外，相当程度的艺术类课程是由教师手把手地教，学生手把手地学；还有一些课程是制定一个目标，由师生共同，或者教师指导、学生动手完成的。

艺术类学生上课的积极性非常高，而且课堂气氛相当活跃，这不能不为非艺术类学科的教学所研究、借鉴。普遍认为，艺术类课堂氛围好的原因在于它满足了教学的伦理需求。所谓教学伦理就是教师在教学过程中满足学生伦理需要，主要体现教学的公平与民主，重视培养学生的自尊心。学生的进步和幸福，离不开教师对学生自尊心的尊重和呵护。一旦学生在学习过程中失去了自尊心，不要说幸福，就连良好成绩的取得都很难实现。

所以，教育技术改革的方向是：授课班级要尽量小，使教师能照顾、辅导到每一个学生；教师教的关键是培养师生间的情感，唤起学生学习的积极性；同时加大实践课程的比重，由师生共同参与完成，使学生获得更多的感性认识，以增加对课程的兴趣。

二、学生工作

学生工作的目标是帮助学生更好地学习、发展和获得幸福。根据本研究，学生工作对大学生主观幸福感影响力最大的变量有三个，分别是"社会实践"和"违纪处理"和"心理健康教育"。

（一）社会实践。社会实践的主要功能是使学生认识社会、了解国情、开阔视野，经风雨、见世面、长才干。这些都与学生发展和追求幸福关系密切。

A大学非常重视大学生社会实践工作，共建立了12个校外社会实践基地，每年组织近百支、3000余人的社会实践队伍奔赴全国各地。随着工作的逐步深化，社会实践的学术含量逐步提高。学校多次获得"全国社会实践先进单位"荣誉称号。

社会实践的特点是走出校门，奔向社会；一群来自不同专业、年级的学生集合在一起，组成一个临时的团队，为了一个共同的目标，一起工作几天甚至十几天；这个团队人少而精，组成复杂却彼此平等，时间短却感情深厚。我们向该校学生问了一个问题："你认为你在哪些方面最需要帮助"，共有四个选项，结果选择"社会实践机会"的学生竟然占到总人数的57.8%。

欲提高社会实践对大学生主观幸福感的影响力，首先，要提高其针对性，使社会实践同大学生的专业及人生发展紧密结合起来；其次，要提高社会实践的普及率，使每个学生都有社会实践的机会；再次，加强实践后的总结，使其成果彰显。

（二）违纪处理。科学的奖惩，对调动大学生遵纪守法和努力学习的积极性进而提高幸福感具有重要的意义。

A大学不断地对大学生开展校纪校规的学习和教育，分为新生入学、日常和毕业三个阶段进行。狠抓考风考纪不断线，要求学生签订《考试诚信承诺书》；建立巡考制度，对各种违纪事件及时处理。多年来，学生违纪率保持在1%以内。

任何社会都需要制度来维系其正常运转。研究表明，大学生对违纪处理给予高度的理解，并且对该项工作的满意率颇高。说明大学生对为保障学校工作的公平、公正、民主而实施的违纪处理是认同的。在此意义上，改进违纪处理工作，应从以下几个方面入手：第一，科学、务实地制定违纪处理方面的规章制度；第二，加强校纪校规教育，防患于未然；第三，依法行政，公平公正地处理违纪事件；第四，对于一般性违纪，可以一定形式公布，而对于涉及个人隐私的违纪事件，必须避免这种方式；第五，对于违纪学生，要加强违纪后教育和辅导，预防或帮助其解决心理上可能出现的问题，教育其掌握追求幸福的合理方式。

（三）心理健康教育。本研究中，心理健康教育是学生工作中对消极情感影响力最大的变量。也就是说，加强和改进心理健康教育工作能有效地降低大学生消极情感。

Ａ大学正式成立了心理健康教育与咨询辅导中心，建设了一支专兼职相结合的教师队伍，创建了大学生心理网站，开设了心理教育课程，成立了大学生心理社团，开展了大学生心理健康学术研究，形成了三级危机干预体系。获得了"全国大学生心理咨询年会优秀论文一等奖""北京市心理健康教育最快进步奖"等多项荣誉。

Ａ大学的心理健康教育共有三块内容：第一，心理咨询与辅导；第二，心理教育课程；第三，以心理健康教育为主题的活动。按照常识，心理健康教育与大学生主观幸福感应该为过程与结果的关系，应该对主观幸福感各维度均有显著的影响，但事实上并非如此。主要原因在于该校心理健康教育着眼于传统的心理学观点，过分关注人性的弱点与不足，而没有在激发学生的积极、自信、知足方面下工夫。所以，欲提高大学生主观幸福感，心理健康教育必须首当其冲，努力培养大学生积极、自信、知足的品质。

三、促进教学工作与学生工作的统一

众所周知，教学工作和学生工作各具特性，各有其固有的教育逻辑。形成知识、技能的方法论，与形成人生态度的方法论是不同

的，不能按照教学的逻辑去从事学生工作，也不能按照学生工作的逻辑去从事教学工作。

教学工作和学生工作是互为基础、互为前提的。教学的结果是使学生掌握了知识、能力、技巧，它为大学生形成正确的人生态度奠定了良好的基础；学生工作的结果是学生具有了正确的人生态度，科学的人生态度会使大学生学习事半功倍。所以，我们必须认识到二者的区别和联系，建立教学工作与学生相统一的工作模式。

促进教学工作与学生工作的统一并非二者不分你我、打通互用，而是要求二者在相互独立的基础上互相借鉴、有机结合。例如，教学工作除了传授学生知识、能力和技巧外，还必须注重大学生人生态度的培养；学生工作在培养大学生人生态度时，应该以培养其积极、自信、谦虚、乐群、好学的人生态度为重点，这会对促进大学生学习产生积极的效果。

四、加强学校与学生的沟通与交流

学校对于学生而言，是一个天然存在的外部环境，但是这个环境会对不同学生的幸福感产生不同的影响。虽然我们在前面几章要求大学生需要具备获得幸福感的几种美德，但是，学校工作的自身改革同等重要。即使二者都向有利于增强幸福感的方向发展，相互之间的理解仍然很重要，这就需要学校与学生之间形成顺畅无碍的沟通与交流。

（一）给学生话语权。传统上，学校肯定是发言者，学生是听众。但从增进幸福感的角度，学校和学生应互为发言者，双方都是听众，形成一个双方良性互动的信息交流。我们向学生提出了一个问题："当遇到困难时，是否愿意向别人诉说？"回答愿意的占到

78.1%。当继续问到"向谁诉说"时，我们提供了四个答案，确定为"教师"的只占到总人数的1.4%。可见，学校与学生沟通的不畅，已成为学生主观幸福感提升的重要障碍。

（二）增强沟通的有效性。我们发现，学校与学生之间并非不想沟通，也尝试了很多办法，但效果都不理想。例如，在该校某次学生大会上，教育者在主席台上宣读文件，部分学生却在台下呼呼大睡，会议沟通的效果无从谈起。学生并非不想诉求权利，但有时感到途径不畅，有时感到成本太高，于是选择了放弃。

其实沟通并不是多难的事，重要的是让对方知道自己的想法，然后付诸行动。如果学校希望学生知道学校为了他们的幸福所做的工作，就必须放下架子，倾听学生的意见；如果学生希望学校了解自己的人生理想、发展愿景、对学校的意见和建议，学生必须鼓起勇气，大胆陈言。可见，学校与学生的有效沟通基于双方的平等性。

当然，大学生的主观幸福感受许多因素的制约，需要许多基本条件，学校工作只是其中的一个重要因素，而并非全部。大学生主观幸福感的提高不能只着眼于学校教育，还要关注其他影响因素，如社会环境、人际关系、重要事件等；对于大学生主观幸福感而言，这些因素有同样的影响力。

第八章

研究结论

第一节　研究结论

本文利用 A 大学本科生的调查数据对设定的实证研究框架进行了验证性研究，并根据案例的共性和特性进行了针对性分析。结果不仅证明了相关假设，还发现了一些有价值的结论。

一、背景变量与大学生主观幸福感

结果表明：背景变量对大学生主观幸福感产生不同程度的影响，但解释力较弱。这个结果证实了一个结论："近四十年的研究表明，人口统计变量只能解释主观幸福感变化的很少部分。"人口学变量是背景变量的重要组成部分。这个结果同时也在一定程度上证明了：背景变量决定了幸福感的基本水平，是幸福的储备。

本研究除了得出背景变量中各变量对大学生主观幸福感各维度的影响，还得出了家庭背景、学校背景各变量对大学生主观幸福感变异的具体解释力及其排序，进而得出了各背景变量对大学生主观幸福感变异解释力的总排序。

研究还对性别、家庭经济状况、父母工作状况、学习成绩等变量影响大学生主观幸福感的原因进行了具体分析，得出许多重要成果。如：第一，探讨了女生主观幸福感全面优势于男生的原因；第二，家庭经济富裕虽然提高了大学生的生活满意度，但降低了大学生的快乐感和积极情感；第三，父母工作状况对大学生的影响主要体现在生活满意度上，这为我国当前家庭教育敲响了警钟；第四，"优秀"的学生最幸福，等等。这些都为教育工作者根据学生背景实施有效的幸福教育奠定了坚实的基础。

二、学校工作与大学生主观幸福感

本研究得出了学校工作各变量对大学生主观幸福感各维度的影响，还得出了教学工作、学生工作各变量对大学生主观幸福感变异的具体解释力及其排序，进而得出了学校工作各变量对大学生主观幸福感变异解释力的总排序，并得出了教学工作总体上比学生工作对大学生主观幸福感影响力更大的结论。

本研究探讨了学校工作与大学生主观幸福感的关系。发现学校工作对大学生主观幸福感的四个维度都有不同程度的影响，但是对大学生生活满意度的影响最大。同时，学校工作对大学生主观幸福感变异的解释力要大于背景变量，说明学校工作是大学生主观幸福感变异的重要来源。这个结果同时也在一定程度上证明了：学校工作更多地解释了大学生主观幸福感的变异，属于幸福收入的重要范畴。

另外，我们还从对研究的分析中得到另外一些成果。如：第一，专业课程是对大学生主观幸福感影响最大的变量；第二，评优表彰、经济资助等激励性举措是提高大学生积极情感的重要手段；第三，当前的大学生思想政治教育在提高大学生主观幸福感方面举步维艰；第四，知足的大学生最幸福，等等。

三、人生态度与大学生主观幸福感

本研究考察了人生态度各变量对主观幸福感各维度的影响，各变量对大学生主观幸福感变异的具体解释力及排序，并得出了"自卑情节"是人生态度中对大学生主观幸福感影响力最大的变量的结论。

研究发现：积极的人生态度有利于提高大学生主观幸福感，消极的人生态度降低大学生主观幸福感。同时，当积极的人生态度与主流价值观一致时，会更大地提升大学生主观幸福感；当消极的人生态度与主流价值观不一致时，会更大地降低大学生主观幸福感。

本研究还探讨了人的自卑性，并对如何应对自卑、增强自信提出了意见和建议。

四、验证了大学生主观幸福感结构

我们认为，如果幸福是动态的，那么一定会有幸福储备和幸福收入，同时还会有幸福中介。最终，我们证明了这个假设：背景变量属于幸福储备，学校工作属于幸福收入，而人生态度属于幸福中介。

本研究得出了大学生主观幸福感的结构方程，我们发现：快乐感即大学生主观幸福感；学校工作作为特殊生活领域，不仅对生活满意度的变异有着重要影响，对情感也有着重要影响；同样，人生态度不仅对情感有着重要影响，对生活满意度也有着重要影响；积极情感非常重要，它不仅影响着主观幸福感，同时也影响着生活满意度。

另外，消极情感只对快乐感有着重要影响，对积极情感和生活满意度没有影响。这一点，与我们的设想不尽相同，需要在进一步的研究探索中来揭示。

五、提出了幸福收入的产生机制及幸福的界定

研究发现：每个人的幸福都是由幸福储备和幸福收入组成的。幸福储备代表着过去，幸福收入代表的是现在和未来。追求主观幸福感的提高，更应该关注现在和未来，着力于如何提高幸福收入。

研究证明：幸福收入取决于对情境变化的适应度和满足感，同时取决于与主流价值观一致的积极和自信态度。

研究还发现，主观幸福感研究过分关注积极因素，而忽视了消极因素对大学生主观幸福感的影响。研究还论证了积极、自信、知足是大学生获得幸福感的重要美德。

在全面考察研究成果的基础上，我们还为幸福进行了界定：主观幸福感是主体在积极、自信的趋避中所感觉到的满足和愉悦。其中，积极、自信的人生态度是获得幸福的前提、基础和源泉；"趋避"是实现幸福的途径；满足和愉悦是获得幸福的表象。

六、全面考察了Ａ大学大学生主观幸福感的现状

本研究被试全部是Ａ大学的大学生，学生的背景变量、学校工作、人生态度都出自于这些对象，得出的全部结论皆适用于Ａ大学。我们发现，不论大学生对学校工作是否满意，大学生的人生态度是

否积极、是否符合主流，都和 A 大学的学校工作有着一定的关系。同时我们还认识到，教育工作者可以通过改善学校工作来提高大学生的满意度，也可以通过实施教育来帮助学生树立积极的、自信的、主流的世界观、人生观、价值观，进而提高大学生主观幸福感。

七、提出了幸福教育的理念

论证了教育的三层目的：幸福是教育的终极目的，学生发展是教育的次极目的，培养积极、自信、知足的学生是教育的现实目的。立足于对当前高等教育的反思，提出了改革大学工作的有关设想，并对 A 大学教育改革提出了具体意见。

第二节 研究的创新与局限

一、本研究的创新之处

（一）验证理论。本研究验证了快乐感就是主观幸福感，具有生活满意度、积极情感、消极情感三个维度。在此基础上，本研究还验证了幸福等于幸福储存和幸福收入的动态加和这一假设，并验证了幸福中介对于幸福感生成的重要作用。这不仅完善了主观幸福感的理论，而且提升了我们对主观幸福感的认识。

（二）拓展研究内容。本研究不仅考察了大学生主观幸福感的基本特点，而且考察了背景变量、学校工作（教学工作和学生工作）、人生态度与大学生主观幸福感的关系。这些研究突破了以往着眼于人口学变量对大学生主观幸福感影响的传统模式，拓展了主观幸福感的研究领域，对于提升大学生主观幸福感具有理论指导作用和现实意义。

（三）建立直观模型。本研究综合了前人的研究成果，首次从人生态度角度提出了主观幸福感的模型，即主观幸福感等于知足＋积极＋自信。这个模型比以往模型更加适合大学生，能够使我们从教育的视角深入理解人生态度影响大学生主观幸福感的机制。

（四）方法创新。宏观上，本研究在实证的基础上使用了思辨的研究方法，这种研究方法把哲学上的幸福研究与心理学上的幸福研究联结起来。微观上，本研究采用结构方程分析和优势分析，比以往常用的只使用方差分析和回归分析更能从整体的角度检验幸福感模型以及变量间的相互关系。

二、研究的局限

（一）样本的不足。本研究是从 A 大学全部本科生抽样得出的数据，代表性还待进一步考察。另外，有效样本仅为 913 人，总量偏小，会给实证的结果及信度和效度造成一定的影响。同时，样本量的不足使得许多更为精确的计量方法无法应用到本研究中，对研究结果产生一定的影响。要获得更具代表性的研究结果，需扩大样本范围和样本量，比如进一步的研究可随机抽取不同地区、不同类型的 10 所左右高校的 15000—20000 名学生进行调查。

（二）问卷及量表的使用。本研究的问卷和量表大部分是借用前人的研究成果，具有一定的普适性。但是，随着研究的深入，总能发现一些量表的不足，需要在今后的研究中进行进一步的修订。同时，学校工作与大学生主观幸福感之间关系的研究尚不多见，也应对类似研究量表进行新的开发。

（三）对于道德、价值等因素对幸福的影响研究不够深入。毋庸置疑，道德的实践、价值的实现肯定会带来巨大的幸福感。这一点在本文中涉及不深，并非是有意回避，而是研究的基础使然。

附录一：问卷

问卷一 高等学校大学生调查问卷

一、个人和家庭信息

1. 您出生的年份：

2. 您的民族：

3. 您的性别：（1）男（2）女

4. 您入学前所在地属于：

（1）大中城市　　（2）县级市或县城　　（3）镇　　（4）乡村

5. 你来自　　省（自治区、直辖市）

6. 您父母目前的工作状况：A. 父亲　B. 母亲

（1）单位或部门负责人	（1）单位或部门负责人
（2）高级专业人员	（2）高级专业人员
（3）中初级专业人员	（3）中初级专业人员
（4）一般管理人员及办事人员	（4）一般管理人员及办事人员

（5）私营企业主	（5）私营企业主
（6）个体户	（6）个体户
（7）工人	（7）工人
（8）农（林、牧、渔）民	（8）农（林、牧、渔）民
（9）离退休人员	（9）离退休人员
（10）下岗、内退或失业/半失业人员	（10）下岗、内退或失业/半失业人员
（11）其他（请注明）	（11）其他（请注明）

7. 您父母的受教育程度：

A. 父亲

（1）不识字或识字很少　（2）小学　（3）初中　（4）高中

（5）中专　（6）大学专科　（7）大学本科　（8）研究生

B. 母亲

（1）不识字或识字很少　（2）小学　（3）初中　（4）高中

（5）中专　（6）大学专科　（7）大学本科　（8）研究生

8. 您的家庭经济状况在当地的水平是：（1）很好（2）较好

（3）一般（4）较差

　（5）很差

9. 您家 2005 年的总收入约为　元？

10. 家庭的人口数：人（指生活费收支在一起的家庭成员），

其中有稳定收入的人口数：人

11. 您有几个亲兄弟姐妹：（1）0 个　（2）1 个　（3）2 个

（4）2 个以上

12. 您的亲兄弟姐妹中是否有过或曾经有过因经济困难而辍学

（或放弃升学机会去工作）的情况？　（1）是（2）否

13. 您家里是否曾经或正在因子女上学而借钱？　（1）是

177

（2）否

二、现在就读专业的情况

14、现就读班级名称：

15、您上一学期的学习成绩在班里属于

（1）前 10%（2）前 11—25%（3）前 26—50%（4）中 51—75%（5）后 25%

问卷二　人生态度调查问卷

1. 下列说法是否符合您的实际情况？

下面有一些句子，请您从 1—5 评定这些情况与您的符合度，并在相应的数字上打钩，其中，1 到 5 代表的含义如下：

非常不符合　　不太符合　　　不确定　　比较符合　　　非常符合
1————————2————————3————————4————————5

请您根据您的实际情况回答：

（1）我觉得大学的生活紧张单调

1——2——3——4——5

（2）大学里没有我施展才能的地方

1——2——3——4——5

（3）与别人在一起时我有时感到自卑、压抑

1——2——3——4——5

（4）我不愿参加班级活动，特别是那些要出钱的活动

1——2——3——4——5

（5）我害怕与同学谈花钱方面的事情

1——2——3——4——5

（6）我觉得自己的穿着比别人差

1——2——3——4——5

（7）空闲时我经常与同学一起聊天、娱乐

1——2——3——4——5

（8）我时常觉得自己能做好一件事

1——2——3——4——5

2. 您觉得下列说法有道理吗？

下面有一些句子，请您从 1—5 评定您的同意程度，并在相应的数字上打钩，其中，1 到 5 代表的含义如下：

完全不同意　　　　不同意　　不确定　　基本同意　　完全同意

　1————————2————————3————————4————————5

请您根据您的实际情况回答：

（1）贫穷的经历是一笔财富

1——2——3——4——5

（2）自我奋斗就能实现人生目标

1——2——3——4——5

（3）个人发展与家庭经济情况密切相关

1——2——3——4——5

（4）如果衣食无忧，我能做得比谁都好

1——2——3——4——5

问卷三　主观幸福感量表

一、总体主观幸福感

说明：为了解同学们在大学几年的生活状况和感受，请认真阅读下面每个问题，并在您所选的序号上打"√"，答案均无对错之分，请坦率、诚实地作答。

◇下面五个问题的答案有 9 种选择，分别代表 9 种程度。请选择：

1. 请评价一下到目前为此你的生活中快乐/不快乐的程度

1——2——3——4——5——6——7——8——9

非常　　无所谓　　非常

不快乐　快不快乐　快乐

2. 请评价一下去年你快乐/不快乐的程度

1——2——3——4——5——6——7——8——9

非常　　无所谓　　非常

不快乐　快不快乐　快乐

3. 请评价一下昨天你快乐/不快乐的程度

1——2——3——4——5——6——7——8——9

非常　　无所谓　　非常

不快乐　快不快乐　快乐

4. 你现在感觉你有多悲观或不愉快？

1——2——3——4——5——6——7——8——9

一点也不　无所谓　极度

悲观/不愉快　悲观/不愉快　悲观/不愉快

5. 你现在感觉你有多乐观或愉快?

1——2——3——4——5——6——7——8——9

一点也不　乐观/愉快　极其

乐观/愉快　乐观/愉快

二、生活满意度

◇以下有你赞成或反对的五个句子（1—5），请用以下 1—7 量表来选择表明你的态度。

1. 我的生活在大多数方面都接近于我的理想

（1）强烈反对（2）反对（3）有点反对（4）即不赞成也不反对（5）有点赞成（6）赞成（7）极力赞成

2. 我的生活条件很好

（1）强烈反对（2）反对（3）有点反对（4）即不赞成也不反对（5）有点赞成（6）赞成（7）极力赞成

3. 我对我的生活满意

（1）强烈反对（2）反对（3）有点反对（4）即不赞成也不反对（5）有点赞成（6）赞成（7）极力赞成

4. 到现在为止，我已经得到了在生活中我想要得到的重要的东西

（1）强烈反对（2）反对（3）有点反对（4）即不赞成也不反对（5）有点赞成（6）赞成（7）极力赞成

5. 如果我能再活一次，我基本上不会做任何改变

（1）强烈反对（2）反对（3）有点反对（4）即不赞成也不反

对（5）有点赞成（6）赞成（7）极力赞成

三、积极情感和消极情感

◇以下列举了一些情绪，请用以下的1—9量表评价你在过去的一个星期里所感受到这些情绪的时间。

1. 愉快 ……… 1——2——3——4——5——6——7——8——9
　　　　　　 根本没有　一半的时间　所有时间

2. 不愉快 …… 1——2——3——4——5——6——7——8——9
　　　　　　 根本没有　一半的时间　所有时间

3. 幸福 ……… 1——2——3——4——5——6——7——8——9
　　　　　　 根本没有　一半的时间　所有时间

4. 振奋 ……… 1——2——3——4——5——6——7——8——9
　　　　　　 根本没有　一半的时间　所有时间

5. 难过 ……… 1——2——3——4——5——6——7——8——9
　　　　　　 根本没有　一半的时间　所有时间

6. 生气 ……… 1——2——3——4——5——6——7——8——9
　　　　　　 根本没有　一半的时间　所有时间

7. 自豪 ……… 1——2——3——4——5——6——7——8——9
　　　　　　 根本没有　一半的时间　所有时间

8. 感激 ……… 1——2——3——4——5——6——7——8——9
　　　　　　 根本没有　一半的时间　所有时间

9. 爱 ………… 1——2——3——4——5——6——7——8——9
　　　　　　 根本没有　一半的时间　所有时间

10. 负罪感…… 1——2——3——4——5——6——7——8——9
　　　　　　 根本没有　一半的时间　所有时间

11. 羞愧⋯⋯⋯ 1——2——3——4——5——6——7——8——9

　　　　　　根本没有　一半的时间　所有时间

12. 担心⋯⋯⋯ 1——2——3——4——5——6——7——8——9

　　　　　　根本没有　一半的时间　所有时间

13. 压力⋯⋯⋯ 1——2——3——4——5——6——7——8——9

　　　　　　根本没有　一半的时间　所有时间

14. 忌妒（在恋爱中）⋯⋯⋯⋯⋯⋯⋯⋯⋯⋯⋯⋯⋯⋯

　　　　 1——2——3——4——5——6——7——8——9

　　　　　　根本没有　一半的时间　所有时间

问卷四　学校工作满意度问卷

1. 您对本校教学工作的评价（请在选项相应的空格内打"√"）

	①很满意	②较满意	③一般	④不太满意	⑤很不满意
（1）专业和课程设置					
（2）现代教育技术与手段					
（3）教学管理					
（4）教学方法					
（5）教学实践					
（6）教学质量和水平					
（7）学术科研氛围					
（8）教学条件、设施					
（9）马克思主义理论课和思想品德课教学					

2. 您对本校学生工作的评价（请在选项相应的空格内打"√"）

	①很满意	②比较满意	③一般	④不太满意	⑤很不满意
（1）思想政治教育工作					
（2）贫困生资助工作					
（3）心理健康教育与咨询辅导工作					
（4）国防教育工作					
（5）班主任与辅导员工作					
（6）违纪处理工作					
（7）评优表彰工作					
（8）社团工作					
（9）学生保险工作					
（10）社会实践工作					
（11）学风建设工作					

附录二：大学生主观幸福感研究的
部分数据结果

一、大学生主观幸福感得分

表1 大学生主观幸福感得分统计

	样本	平均值	标准差
快乐感	904	5.7867	1.53076
生活满意度	911	4.8888	1.35390
积极情感	907	5.4710	1.35413
消极情感	886	3.6117	1.18357

二、不同年龄大学生主观幸福感得分

表2 不同年龄大学生主观幸福感得分统计

主观幸福感	年龄	样本	平均值	标准差
	17	2	5.7000	1.27279
	18	12	5.0833	2.07226
快乐感	19	130	6.0231	1.49493
	20	235	5.7557	1.54900
	21	206	5.9515	1.44532

续表

主观幸福感	年龄	样本	平均值	标准差
快乐感	22	189	5.5947	1.56768
	23	94	5.7234	1.61368
	24	25	5.6240	1.32831
	25	6	5.7333	0.88242
	26	3	5.5333	1.52753
	27	1	3.4000	0
生活满意度	17	2	3.8571	1.45462
	18	12	4.2214	1.37587
	19	130	5.0657	1.54407
	20	238	4.9106	1.36526
	21	208	5.0155	1.34817
	22	191	4.7026	1.26596
	23	94	4.8720	1.23946
	24	25	4.6080	1.14016
	25	6	4.6714	1.76975
	26	3	5.1429	0.68034
	27	1	4.6286	0
积极情感	17	2	4.9167	0.11785
	18	11	4.5303	1.61214
	19	131	5.6298	1.52350
	20	236	5.4718	1.32002
	21	206	5.5550	1.27651
	22	190	5.4377	1.38037
	23	95	5.3649	1.28648
	24	25	5.1667	1.05409

主观幸福感	年龄	样本	平均值	标准差
积极情感	25	6	4.9444	1.75330
	26	3	4.9444	2.14303
	27	1	6.6667	0
消极情感	17	2	3.3750	1.23744
	18	12	3.0938	1.22024
	19	127	3.3317	1.41749
	20	234	3.7356	1.15555
	21	198	3.5215	1.11164
	22	184	3.7160	1.14066
	23	93	3.6559	1.09666
	24	25	3.9650	1.13395
	25	6	3.7708	0.82317
	26	3	3.3750	1.53603
	27	1	3.8750	0

三、不同民族大学生主观幸福感得分

表3 汉族、少数民族大学生主观幸福感得分统计

主观幸福感	民族	样本	平均值	标准差
快乐感	汉	846	5.7946	1.51777
	少数民族	58	5.6724	1.71953
	总计	904	5.7867	1.53076
生活满意度	汉	853	4.8661	1.34259
	少数民族	58	5.2227	1.48321
	总计	911	4.8888	1.35390

主观幸福感	民族	样本	平均值	标准差
积极情感	汉	849	5.4664	1.33034
	少数民族	58	5.5374	1.67659
	总计	907	5.4710	1.35413
消极情感	汉	830	3.6229	1.17677
	少数民族	56	3.4464	1.28006
	总计	886	3.6117	1.18357

四、不同政治面貌大学生主观幸福感得分

表4　党员、团员、群众大学生主观幸福感得分统计

主观幸福感	政治面貌	样本	平均值	标准差
快乐感	党员	101	5.8594	1.54675
	团员	780	5.7826	1.52726
	群众	23	5.6087	1.62870
	总计	904	5.7867	1.53076
生活满意度	党员	103	4.8782	1.24131
	团员	785	4.8939	1.36877
	群众	23	4.7627	1.37576
	总计	911	4.8888	1.35390
积极情感	党员	102	5.6340	1.43373
	团员	782	5.4633	1.33956
	群众	23	5.0072	1.42265
	总计	907	5.4710	1.35413

续表

主观幸福感	政治面貌	样本	平均值	标准差
消极情感	党员	102	3.5404	1.08391
	团员	762	3.6112	1.18852
	群众	22	3.9602	1.42959
	总计	886	3.6117	1.18357

五、学生干部与非学生干部大学生主观幸福感得分

表5 学生干部、非学生干部大学生主观幸福感得分统计

主观幸福感	学生干部	样本	平均值	标准差
快乐感	是	339	5.8572	1.57139
	否	565	5.7444	1.50567
	总计	904	5.7867	1.53076
生活满意度	是	342	4.9496	1.38159
	否	569	4.8523	1.33687
	总计	911	4.8888	1.35390
积极情感	是	339	5.6116	1.37923
	否	568	5.3870	1.33308
	总计	907	5.4710	1.35413
消极情感	是	336	3.6540	1.20957
	否	550	3.5859	1.16777
	总计	886	3.6117	1.18357

六、不同父亲教育程度大学生主观幸福感得分

表6 大学生主观幸福感在父亲教育程度上的得分统计

主观幸福感	父亲教育程度	样本	平均值	标准差
快乐感	不识字或者识字很少	9	6.2667	1.30000
	小学	41	5.7902	1.52247
	初中	171	5.7579	1.42254
	高中	292	5.8041	1.53295
	中专	49	5.4531	1.50154
	大专	130	5.5846	1.51143
	大本	179	5.9799	1.64612
	研究生	19	5.9158	1.74778
	Total	890	5.7856	1.53489
生活满意度	不识字或者识字很少	9	4.4571	0.95351
	小学	41	4.8355	1.19263
	初中	171	4.7188	1.26481
	高中	296	4.8935	1.29991
	中专	49	4.9015	1.30423
	大专	132	4.8760	1.39706
	大本	180	5.0686	1.51811
	研究生	19	5.4947	1.46772
	Total	897	4.8989	1.35403
积极情感	不识字或者识字很少	9	5.5370	1.44284
	小学	40	5.3292	1.15870
	初中	171	5.3957	1.19230
	高中	295	5.6209	1.31983
	中专	50	5.2500	1.40547

主观幸福感	父亲教育程度	样本	平均值	标准差
积极情感	大专	131	5.3206	1.47118
	大本	178	5.5253	1.49601
	研究生	19	5.2544	1.32214
	Total	893	5.4722	1.35752
消极情感	不识字或者识字很少	9	3.5000	0.76035
	小学	39	3.4071	1.27337
	初中	164	3.7660	1.17286
	高中	290	3.6845	1.26471
	中专	50	3.5500	0.99296
	大专	127	3.5827	1.10343
	大本	176	3.5000	1.15310
	研究生	18	3.0278	0.92410
	Total	873	3.6123	1.18160

七、不同母亲教育程度大学生主观幸福感得分

表7 大学生主观幸福感在母亲教育程度上的得分统计

主观幸福感	母亲教育程度	样本	平均值	标准差
快乐感	不识字或者识字很少	28	6.0714	1.56935
	小学	62	5.6613	1.60678
	初中	173	5.8393	1.40061
	高中	296	5.8176	1.54655
	中专	69	5.6232	1.41402
	大专	138	5.4696	1.67064
	大本	117	6.0769	1.50787
	研究生	8	5.8000	1.68353
	Total	891	5.7838	1.53553

续表

主观幸福感	母亲教育程度	样本	平均值	标准差
生活满意度	不识字或者识字很少	28	4.6194	1.24504
	小学	65	4.6523	1.23047
	初中	173	4.7371	1.22260
	高中	299	4.9064	1.39816
	中专	69	5.0385	1.35589
	大专	139	4.8968	1.38713
	大本	116	5.1251	1.43981
	研究生	9	5.6571	1.46594
	Total	898	4.8909	1.35529
积极情感	不识字或者识字很少	28	5.8333	1.16975
	小学	64	5.3047	1.24281
	初中	173	5.3439	1.26919
	高中	297	5.5797	1.31762
	中专	68	5.5809	1.44968
	大专	138	5.3466	1.43797
	大本	117	5.4544	1.49386
	研究生	9	5.4074	1.72424
	Total	894	5.4683	1.35795
消极情感	不识字或者识字很少	27	3.1065	0.77731
	小学	63	3.6587	1.15030
	初中	168	3.6555	1.17527
	高中	291	3.7255	1.25872
	中专	67	3.3675	0.96258
	大专	135	3.5796	1.19278
	大本	115	3.6000	1.18125
	研究生	9	2.8472	0.63362
	Total	875	3.6127	1.18268

八、不同父亲工作状况大学生主观幸福感得分

表8　大学生主观幸福感在父亲工作状况上的得分统计

主观幸福感	父亲工作状况	样本	平均值	标准差
快乐感	单位或部门负责人	199	6.0030	1.57114
	高级专业人员	65	5.7231	1.50195
	初中级专业人员	44	5.5818	1.76098
	一般管理人员	120	5.8333	1.49898
	私营企业主	52	5.6577	1.54379
	个体户	122	5.6361	1.49136
	工人	111	5.6613	1.44469
	农林牧渔民	107	5.6579	1.48680
	离退休人员	25	5.7120	1.55679
	下岗内退	32	5.9062	1.58947
	其他	15	6.8400	1.53660
	Total	892	5.7872	1.53305
生活满意度	单位或部门负责人	202	5.1530	1.39124
	高级专业人员	64	5.0022	1.37137
	初中级专业人员	44	4.8857	1.41061
	一般管理人员	120	4.9629	1.36906
	私营企业主	52	5.0489	1.26490
	个体户	125	4.8055	1.31662
	工人	111	4.7676	1.26154
	农林牧渔民	109	4.4682	1.16363
	离退休人员	26	4.5890	1.28405
	下岗内退	32	4.6125	1.69432
	其他	14	5.6939	1.37501
	Total	899	4.8917	1.35195

续表

主观幸福感	父亲工作状况	样本	平均值	标准差
积极情感	单位或部门负责人	200	5.5417	1.36875
	高级专业人员	65	5.4231	1.44580
	初中级专业人员	44	5.6023	1.48255
	一般管理人员	120	5.4417	1.28441
	私营企业主	51	5.3824	1.31795
	个体户	125	5.3413	1.24522
	工人	110	5.4561	1.31731
	农林牧渔民	108	5.5000	1.29861
	离退休人员	26	5.0577	1.68651
	下岗内退	32	5.5000	1.65750
	其他	15	6.4111	1.13541
	Total	896	5.4691	1.35482
消极情感	单位或部门负责人	195	3.5006	1.15374
	高级专业人员	64	3.5059	1.19946
	初中级专业人员	43	3.4622	1.07236
	一般管理人员	116	3.6444	1.18718
	私营企业主	51	3.7034	1.32570
	个体户	123	3.6982	1.13801
	工人	108	3.8461	1.18777
	农林牧渔民	104	3.7452	1.16987
	离退休人员	25	3.1300	1.09299
	下岗内退	31	3.4597	1.16027
	其他	15	2.9000	1.46400
	Total	875	3.6071	1.18319

九、不同母亲工作状况大学生主观幸福感得分

表9　大学生主观幸福感在母亲工作状况上的得分统计

主观幸福感	母亲工作状况	样本	平均值	标准差
快乐感	单位或部门负责人	102	5.8294	1.59440
	高级专业人员	68	6.2235	1.72481
	初中级专业人员	66	5.4515	1.79446
	一般管理人员	147	5.8041	1.48203
	私营企业主	29	5.6897	1.52277
	个体户	108	5.6648	1.47751
	工人	98	5.7490	1.53026
	农林牧渔民	134	5.7343	1.45917
	离退休人员	58	5.5517	1.41089
	下岗内退	69	6.0899	1.41734
	其他	13	6.2000	1.20830
	Total	892	5.7872	1.53422
生活满意度	单位或部门负责人	102	5.1655	1.49681
	高级专业人员	68	5.1618	1.46565
	初中级专业人员	66	4.6987	1.39212
	一般管理人员	148	5.1602	1.31859
	私营企业主	29	4.9833	1.39226
	个体户	111	4.7745	1.32423
	工人	98	4.8359	1.13726
	农林牧渔民	136	4.4546	1.13233
	离退休人员	59	4.8160	1.39528
	下岗内退	69	5.0422	1.48454
	其他	13	4.6286	1.34027
	Total	899	4.8923	1.35074

续表

主观幸福感	母亲工作状况	样本	平均值	标准差
积极情感	单位或部门负责人	102	5.5899	1.42210
	高级专业人员	69	5.6836	1.59455
	初中级专业人员	64	5.3516	1.48036
	一般管理人员	148	5.5417	1.26943
	私营企业主	29	5.2299	1.49298
	个体户	111	5.3949	1.36180
	工人	98	5.3912	1.41058
	农林牧渔民	135	5.4333	1.23035
	离退休人员	59	5.1073	1.26429
	下岗内退	68	5.6176	1.23454
	其他	13	6.1026	1.21438
	Total	896	5.4688	1.35806
消极情感	单位或部门负责人	99	3.4836	1.26416
	高级专业人员	67	3.6063	1.12020
	初中级专业人员	64	3.7031	1.04190
	一般管理人员	145	3.6328	1.20799
	私营企业主	28	3.9330	1.39546
	个体户	108	3.5394	1.03497
	工人	97	3.7552	1.29715
	农林牧渔民	131	3.7042	1.15079
	离退休人员	58	3.6616	1.32371
	下岗内退	66	3.2860	1.14118
	其他	12	3.0313	0.69111
	Total	875	3.6089	1.18563

十、教学工作与学生工作优势分析

表10 教学工作与学生工作优势分析摘要表

主观幸福感	变量	标准化回归系数	Sig.	决定系数 R^2	F
快乐感	专业课程	-0.163	0.000	0.044	20.373 ***
	社团工作	-0.086	0.013		
生活满意度	专业课程	-0.260	0.000	0.099	49.666 ***
	社会实践	-0.097	0.006		
积极情感	专业课程	-0.155	0.000	0.050	23.478 ***
	违纪工作	-0.116	0.001		
消极情感	专业课程	0.120	0.001	0.025	11.307 ***
	心理健康	0.067	0.063		

* $p < 0.05$ ** $p < 0.01$ *** $p < 0.001$

十一、人生态度优势分析

表11 人生态度相关变量优势分析摘要表

主观幸福感	变量	标准化回归系数	Sig.	决定系数 R^2	F
快乐感	自卑压抑	-0.218	0.000	0.062	29.717 ***
	自我奋斗	0.120	0.000		
	自卑压抑	-0.191	0.000	0.081	39.242 ***
	自我实现	0.185	0.000		
	自我奋斗	0.201	0.000	0.057	27.013 ***
	自我实现	0.105	0.001		
	自卑压抑	0.170	0.000	0.091	29.715 ***
	自我奋斗	0.104	0.001		
	自我实现	-0.191	0.000		

主观幸福感	变量	标准化回归系数	Sig.	决定系数 R^2	F
生活满意度	穿着攀比	0.126	0.000	0.051	24.161 ***
	自我奋斗	-0.184	0.000		
	穿着攀比	-0.173	0.000	0.049	23.100 ***
	人际关系	0.117	0.000		
	自我奋斗	0.133	0.000	0.034	15.949 ***
	人际关系	0.122	0.000		
	穿着攀比	0.110	0.001	0.063	20.013 ***
	自我奋斗	0.120	0.000		
	人际关系	-0.170	0.000		
积极情感	自卑压抑	0.155	0.000	0.062	29.805 ***
	自我奋斗	-0.195	0.000		
	自卑压抑	-0.172	0.000	0.066	31.425 ***
	自我实现	0.167	0.000		
	自我奋斗	0.174	0.000	0.056	26.439 ***
	自我实现	0.138	0.000		
	自卑压抑	0.172	0.000	0.084	27.371 ***
	自我奋斗	0.139	0.000		
	自我实现	0.147	0.000		
消极情感	自卑压抑	-0.013	0.698	0.067	31.438 ***
	自我奋斗	0.259	0.000		
	自卑压抑	0.246	0.000	0.071	33.446 ***
	自我实现	-0.072	0.030		
	自我奋斗	-0.111	0.001	0.013	5.604 ***
	自我实现	-0.009	0.798		

续表

主观幸福感	变量	标准化回归系数	Sig.	决定系数 R^2	F
消极情感	自卑压抑	0.247	0.000	0.072	22.318 ***
	自我奋斗	−0.009	0.783		
	自我实现	−0.071	0.034		

* $p < 0.05$ **$p < 0.01$ ***$p < 0.001$

附录三：论马克思的幸福观

　　幸福是人类永恒的追求。在马克思以前，幸福的追求有两种倾向：一种把"追求个人幸福"作为出发点，产生了以亚里士多德为代表的理性主义幸福观、以伊壁鸠鲁为代表的感性主义幸福观以及中国传统幸福观、西方宗教幸福观等流派；另一种以追求集体幸福为目标，如《礼记·礼运篇》中的"小康社会"，柏拉图的"理想国"，莫尔的"乌托邦"，傅立叶的"和谐制度"……这些都是人类追求幸福的智慧结晶。它们为构建人类文明、增进人类福祉不断奠定新基础、创造新条件。

　　马克思的幸福观，是对前人幸福探索的总结。例如，欧文、傅立叶的空想社会主义，边沁的功利主义幸福观皆为同时代幸福思想的最高形态，其合理成分都被马克思巧妙地综合在自己的思想里。马克思的幸福观，更是对前人幸福探索的超越。例如，他所提出的个人"最大幸福是为大多数人带来幸福"的理想，他构想的共产主义社会制度等，这些光辉的思想都达到了在他之前任何一个理论家和实践者从未达到的高度。纵观马克思的一生，是为追求人类幸福而努力奋斗的一生。虽然他并未对幸福进行系统阐述，但是，归纳和学习马克思的幸福思想，运用马克思主义的基本观点、立场和方法来分析幸福，可以拓宽幸福研究的广度和深度，攻克幸福研究中的难题，并且有助于建立幸福研究的科学体系。

一、马克思的幸福观是利他的

（一）马克思的幸福观始终着眼于全人类

在《青年在选择职业时的考虑》一文中，马克思表达了他对幸福的看法："历史把那些为共同目标工作因而自己变得高尚的人称为最伟大的人物；经验赞美那些为大多数人带来幸福的人是最幸福的人……如果我们选择了最能为人类而工作的职业，那么，重担就不能把我们压倒，因为这是为大家做出的牺牲；那时我们所享受的就不是可怜的、有限的、自私的乐趣，我们的幸福将属于千百万人，我们的事业将悄然无声地存在下去，但是它会永远发挥作用，而面对我们的骨灰，高尚的人们将洒下热泪。"① 马克思认为，人类幸福和自身的完美是完全统一的。一个人如果仅仅从利己主义的原则出发，只考虑如何满足个人的欲望，虽然也有可能成为出色的诗人、聪明的学者、显赫一时的哲学家；可是，他绝不能成为伟大的人物，也不能得到真正的幸福。

（二）马克思一生不图名利

马克思不贪图任何的名声和地位。普鲁士政府多次邀请他为政府出力，但都被他断然拒绝②。他不会向当政者及地位高的人表现出任何巴结逢迎，反而毫不客气地揭露和批判那种奴颜婢膝和阿谀奉承的行为。对于他人的阿谀奉承，对于公众的掌声和赞扬，对于

---

① ［德］马克思，恩格斯. 马克思恩格斯全集（第1卷）［M］. 北京：人民出版社，1995：460.

② ［英］戴维·麦克莱伦. 马克思传［M］. 北京：中国人民大学出版社，2007：350.

声望，马克思在主观上是毫不在意的。甚至对一些谄媚，即使是以小心谨慎和彬彬有礼的方式表现出来的，都会使他立即警觉起来，从而产生不信任感。这些态度，翻阅马克思与恩格斯的通信，可窥一斑。

马克思半生流亡，一世清贫。他曾解释说："我已经把我的全部财产献给了革命斗争。"① 他一生大部分时期没有固定工作，生活极其艰辛，其中最严重的后果就是 4 个孩子先后死去。面对债主的逼债，马克思曾设想"在破产法庭上宣告自己是无支付能力的债务人"②。他组织了流亡者委员会，经费也极其稀少，以至于"连一个政治流亡者都无力救济；这个团体的出纳处在支出 2 英镑 15 先令救济金以后，再也无力进行这类的援助了"③。虽然贫困交加，但是每当费尽心力，挣脱日常琐事的羁绊之后，他就怀着兴奋的心情，迈着急匆匆的步子，一往无前地、信心满怀地继续走自己的路，去从事他毕生热爱的事业。

（三）马克思幸福观与"功利主义"幸福观有着本质的不同

以边沁为代表的功利主义幸福观也是追求"最多数人最大的幸福"，或者说，马克思的幸福观一定程度上受到了功利主义幸福观的影响。二者虽然在表述上有相似之处，本质上却是完全不同的。因为功利主义从利己性出发，把享乐作为人生的目的，把"趋乐避苦"作为个人幸福的感性基础，显然和马克思的幸福观的利他性是对立的。马克思认为享乐并非是真正的幸福，他们所享受的物质生活实

---

① [英] 戴维·麦克莱伦. 马克思传 [M]. 北京：中国人民大学出版社，2007：368.
② [英] 戴维·麦克莱伦. 马克思传 [M]. 北京：中国人民大学出版社，2007：337.
③ [德] 马克思，恩格斯. 马克思恩格斯全集（第 10 卷）[M]. 北京：人民出版社，1998：408.

际上"仅仅是我们的丑恶的制度所引起的表面上的享乐，它是和目前享受这些虚伪的特权的人们的理智和良心相矛盾的"，本质上"并不是真正的人生乐趣"①。在马克思看来，真正的幸福并非个人的物质享受，而在于为最广大的人民带来更广泛的福祉。在这个过程中，主体变得高尚，同时也享受到了最大的幸福。

二、马克思的幸福观是实践的

德国社会民主党著名的理论家和历史学家、德国共产党的创始人之一弗兰茨·梅林在其著作《马克思传》的序言中这样评价马克思："马克思之所以无比伟大，主要是因为思想的人和实践的人在他身上是密切地结合着的，而且是相辅相成的。"

马克思的幸福观的实践性，主要体现在三个方面：

（一）幸福的主体是现实中的人

马克思认为，人的本质不是单个人所固有的抽象物，在其现实性上，它是一切社会关系的总和②。首先，是指"有生命的个人"，这是现实的人的自然基础，是人的自然属性。"全部人类历史的第一个前提无疑是有生命的个人的存在，因此，需要确认的事实就是这些个人的肉体组织以及由此产生的个人对其他自然的关系。"③ 人的生存离不开自然界，现实中的人必须是自然界中的一分子。其次，是指"从事实际活动的人"。人们必须吃、喝、住、穿，必须和其他

---

① ［德］马克思，恩格斯. 马克思恩格斯全集（第 2 卷）［M］. 北京：人民出版社，1957：626.

② ［德］马克思，恩格斯. 马克思恩格斯全集（第 1 卷）［M］. 北京：人民出版社，1995：60.

③ ［德］马克思，恩格斯. 马克思恩格斯全集（第 1 卷）［M］. 北京：人民出版社，1995：67.

人产生关系，而这种关系的产生，是由劳动引起的。再次，在人们的现实活动中，逐渐产生了人的各种精神生活，如宗教、哲学、艺术，也有观念、观点和概念；幸福就蕴藏在其中。

（二）幸福是在实践中产生的

马克思认为，全部社会生活在本质上是实践的。哲学家们只是用不同的方式解释世界，问题在于改变世界。正如历史是人创造出来的，幸福也必然伴随人类实践而产生。幸福作为人类文明中永恒的精神追求，实践既是其存在和发展的基础，又是其实现的目标和动力。正如马克思在谈到宗教问题时所言："废除作为人民幻想的幸福的宗教，也就是要求实现人民的现实的幸福。"① 现实的幸福必然要满足现实的条件，才是实实在在的幸福。只有条件实现了，幸福才会实现，而当条件变化时，幸福也会随之变化。过去幸福不等于现在幸福，现在幸福不等于永远幸福。"一句话，人们的意识，随着人们的生活条件、人们的社会关系、人们的社会存在的改变而改变。"② 所以说，幸福产生于实践，实践催生幸福。

（三）马克思对伊壁鸠鲁的批判

伊壁鸠鲁认为："服务于哲学本身就是自由，青年人不应该放弃对哲学的研究，老年人也不应该弃对哲学的研究。谁如果说研究哲学的时间尚未到来或者已经过去，那么他就像那个说享受幸福的时间尚未到来或者已经过去的人一样。"③ 马克思指出，"伊壁鸠鲁在哲学中感到满足和幸福"，却"轻视实证科学"，是"科学的敌人"。

---

① ［德］马克思，恩格斯. 马克思恩格斯全集（第 1 卷）［M］. 北京：人民出版社，1995：2.

② ［德］马克思，恩格斯. 共产党宣言［M］. 北京：人民出版社，2009：189.

③ ［德］马克思，恩格斯. 马克思恩格斯全集（第 1 卷）［M］. 北京：人民出版社，1995：24.

马克思赞赏德谟克利特的作法，即"必须走遍世界各地"，类似于中国"行万里路，读万卷书"的格言；他反对伊壁鸠鲁的做法，认为他"只有两三次离开他在雅典的花园到伊奥尼亚去"；类似于中国"秀才不出门，便知天下事"的民谚。伊壁鸠鲁是感性主义幸福观的代表人物，追求的是感官享受。例如，伊壁鸠鲁在感到死亡临近时洗了一个热水澡，还要求喝醉酒。对于类似行为，马克思认为这是以"感性的目光"蒙蔽"他的理智的敏锐"，是不足取的；而真正的幸福，"这种快乐，是伊壁鸠鲁主义者在其肤浅的哲学中……企图获得而又无法获得的"①。

三、马克思的幸福观是积极的

（一）实现每个人的自由发展

马克思在《论犹太人问题》一文中指出："任何解放都是使人的世界和人的关系回归于人自身。"② 而一切社会成员的"充分的自由的发展"是社会的根本原理。在阶级社会，有一小部分社会成员会脱离社会劳动而实现其多方面能力的发展；但在共产主义则有了根本性的变化，所有人都会实现其潜能的全方面发展。恩格斯进一步发挥了马克思的思想，他在《反杜林论》中指出："通过社会生产，不仅可能保证一切社会成员富足的和一天比一天充裕的物质生活，而且还可能保证他们的体力和智力获得充分的自由的发展和运

---

① ［德］马克思，恩格斯. 马克思恩格斯全集（第1卷）［M］. 北京：人民出版社，1995：453.

② ［德］马克思，恩格斯. 马克思恩格斯全集（第3卷）［M］. 北京：人民出版社，2002：189.

用。"① 从这个意义上讲，在共产主义社会制度下，每个人都能够按照自己的意志，"随心所欲"地发挥着自己的能力；而且，每个人的自由发展，并不是牺牲和妨碍别人的自由发展，反而是一切人自由发展的前提和条件。

(二) 实现一切人的自由发展

马克思所倡导的最大幸福，并非个人的解放和自由，而是全人类的解放与自由，所以，他的口号是"解放全人类"；他甚至提出："无产阶级只有解放全人类，才能最后解放自己。"在《共产党宣言》中，马克思和恩格斯做出如下规定："代替那存在着各个阶级以及阶级对立的资产阶级旧社会的，将是一个以各个人自由发展为一切人自由发展的条件的联合体。"② 当物质产品极大丰富的时候，当人类取消了对物质的依赖的时候，当人们的智慧和道德使自私的想法荡然无存的时候，这个共同体将具有如下特点：生产资料属于全民所有，物质产品极大丰富，每个人可能自然的条件和后天所达到的能力有所不同，但他们愿意而且可能充分发挥出自己的能力从而创造出大量物质产品和精神产品，同时按照需要获得物质和精神产品，人和人之间除了和谐还是和谐。

(三) 劳动创造幸福

随着社会的变革以至共产主义的实现，劳动的性质也发生了变化。"生产劳动给每一个人提供全面发展和表现自己全部的即体力和脑力的能力的机会，这样，生产劳动就不再是奴役人的手段，而成

---

① ［德］马克思，恩格斯. 马克思恩格斯全集（第3卷）［M］. 北京：人民出版社，2002：322.

② ［德］马克思，恩格斯. 共产党宣言［M］. 北京：人民出版社，2009：50.

了解放人的手段，因此，生产劳动就从一种负担变成一种快乐。"①
由于人们体力大大增强、科技水平大大提高，劳动的强度将大大降
低、劳动时间将大大缩短；这时的劳动，不仅解除了对劳动者的异
化，而且变成了劳动者的自觉。劳动成了人类的第一需要。通过劳
动，人们不仅体力得到增强、能力得到检验，还可以体会到创造性
的快乐；而且只有在劳动中，才能享受到真正的、最高级的快乐。
在这个意义上，人类成了自己的主人。

马克思的幸福观，实质上就是追求人的自我解放与人类的自我
解放，其最终目标是人的自由和人类的自由。这是人类追求的真正
的、最大的幸福。我们当前的实践都正在向着这个方向前进。

---

① ［德］马克思，恩格斯. 马克思恩格斯全集（第3卷）［M］. 北京：人民出版社，
2002：333.

后记一：幸福是教育的终极目的

讨论幸福是否是教育的终极目的，实际上是研究教育目的、幸福本质以及二者是何关系的问题。之所以提出这样一个命题，主要原因有二：第一，从不同视角看，教育目的表述各有不同，需要用"终极目的"来"提纲挈领"；第二，当前，教育改革正处在历史关头，急需通过提出教育的"终极目的"来廓清教育概念，深化教育理论，统一教育思想，引导教育前行。

一、教育的目的

（一）传道、授业、解惑

教育是什么？《大学》认为："大学之道，在明明德，在新民，在止于至善。"意指教育的最高境界，在于宣教高明的德性，在于使人们不断革旧鼎新，从而达到完美无缺的至高境界。"大学者，大人之学也"①，是指教人以"格物、致知、诚意、正心、修身、齐家、治国、平天下"之道，属于"传道"的范畴。而相对的"小人之学"则是指"教以洒扫、应对、进退之节，礼、乐、射、御、书、

---

① 朱熹. 大学章句集注 ［M］//宋元人. 四书五经. 北京：中国书店，1985：1-8.

数之文，"① 属于"授业"的范畴。而"大人之学""小人之学"皆
包含在教育之中。

中西典籍中关于教育的论述极其相似。韩愈《师说》认为：
"古而学者必有师，……人非生而知之者，孰能无惑？惑而不从师，
其为惑也，终不解矣。"② 无独有偶，苏格拉底曾对一个非常自负的
青年指出，任何人都需要教育。如果不受教育，好的禀赋是靠不住
的，无论什么技艺都需要请师傅，只有愚人才会自以为可以无师自
通③。那么，请"师父"来干什么呢？韩愈说得明白："师者，传
道、授业、解惑也。"

（二）促进人的全面个性发展

全面发展的人又称完整的人，主要指人以全面的，作为一个完
整的人占有自己的全面本质，具体讲就是指个人的能力、品质、需
求和社会关系的全面充分的发展。对此，马克思指出："不是在某一
种规定性上再生产自己，而是生产出他的全面性；不是力求停留某
种已经有的东西上，而是处在变易的绝对运动之中。"④

全面发展不是全人教育。日本教育学家小原国芳提出了"全人
教育"的思想，把教育分为"真""善""美""圣""健""富"
六类⑤。仔细想来，"全人教育"在发展学生什么呢？是发展他们的
品德，提高他们的智力，还是强健他们的体魄？……都是又都不是，
因为它们都是仅代表了教育的某个方面，并非教育。"全人教育"包

---

① 来可泓. 大学直解·中庸直解 [M]. 上海：复旦大学出版社，1998：11.
② 李道英. 八大家古文选注集评 [M]. 桂林：广西师范大学出版社，1996：24.
③ [古希腊] 色诺芬. 回忆苏格拉底 [M]. 北京：商务印书馆，2001：140.
④ [德] 马克思，恩格斯. 马克思恩格斯全集（第 46 卷上）[M]. 北京：人民出版
社，1980：486.
⑤ 单中惠，杨汉麟. 西方教育学名著提要 [M]. 南昌：江西人民出版社，2000.647

含在全面发展之中，全面发展涉及人的素质的方方面面，其广度远远大于"全人教育"。马克思指出，"全面发展的人……不是自然的产物，而是历史的产物。要使这种个性成为可能，能力的发展就要达到一定的程度和全面性"①，可见，全面发展同时也是个性发展，其实现的客观标准是能力的深度和广度。

（三）"做人"

亚里士多德《形而上学》的开头第一句话就是："求知是人类的本性。"② 康德也认为"只有人是需要教育的生物"③，人只有依靠教育才能成为人，而且只有人才能教育人。人完全是教育的结果，人性可以通过教育不断地改进，并逐渐达到配得上做人的状况。杜威说："教育是生活的需要。""如果社会的成员继续生存下去，他们就能教育新生的成员。"④ 这是教育使人社会化、阶层化的功能。当然，也有人认为人是环境和教育的产物，继而得出人的变化是由于环境改变和教育改变造成的结论。马克思批判了这种说法："这种学说忘记了，环境正是由人来改变的，而教育者本人一定是受教育的。"⑤ 由此，我们可以得出这样一种辩证关系：教育改变了人，而人改变了环境，教育与环境继而改变了人。所以，人之所以成为人，归根结底，还是教育的产物。

① ［德］马克思，恩格斯. 马克思恩格斯全集（第46卷上）［M］. 北京：人民出版社，1980：108.
② ［古希腊］亚里士多德. 形而上学［M］. 北京：商务印书馆，1997：1.
③ 单中惠，杨汉麟. 西方教育学名著提要［M］. 南昌：江西人民出版社，2000：171.
④ ［美］杜威. 民主与教育［M］∥王承绪，译. 世界教育名著通览［M］. 武汉：湖北教育出版社，1994：1091.
⑤ ［德］马克思，恩格斯. 马克思恩格斯全集（第1卷）［M］. 北京：人民出版社，1972：17.

二、幸福及其本质

（一）幸福的复杂性

幸福具有复杂性。老子认为福和祸之间是相互转化的，"祸兮福之所倚，福兮祸之所伏"，而"塞翁失马，焉知非福"为其提供了强有力的论据。关于幸福对于人生的意义，费尔巴哈这样认为："人的任何一种追求也都是对于幸福的追求。"① 但是对于"何为幸福"的问题，他却没有给予明确的界说。其实，幸福是一个仁者见仁、智者见智的概念。古往今来，每个人都按照各自的方式追求幸福，而且人们对幸福的理解和感受始终同特定条件中特定个体的生活相联系。幸福究竟是主观的还是客观的，是感性的还是理性的，是动态和还是静态的，这些问题历来在研究者之间存在重大分歧。根据傅立叶的说法，单是罗马尼禄时代就有 278 种关于幸福的互相矛盾的定义②。德国哲学家狄慈根对于幸福的复杂性做了精辟的论述："现实的幸福是形形色色的，真实的幸福只是主观的选择，在某甲认为是真实的幸福，在某乙看来可能是非真实的，……在各种不同的人中，不同的时代中，实际上存在着许多极其相反的，但是都被认为是致福的事物。在这里幸福的东西，在那里却是灾难，反之亦然。"③ 既然一千个人眼中有一千个幸福的定义，就需要我们从最抽象的意义上来探寻幸福的本质。

---

① ［德］费尔巴哈. 费尔巴哈哲学著作选集（上）［M］. 北京：三联书店，1959：536.
② 陈瑛. 人生幸福论［M］. 北京：中国青年出版社，1996：202.
③ ［德］狄慈根. 狄慈根哲学著作选集［M］. 北京：三联书店，1978：94.

（二）幸福是人生的终极目的

幸福在人生中，不是作为一件具体的事物存在的，它是人们追求的最终目的。作为个体，人生活在世上，每时每刻都存在着目的性。目的有直接的和间接的，还有深层的、最终的。有的人认为财富是幸福，有的人认为长寿是幸福，有的人认为平安是幸福，有的人认为荣誉是幸福……但它们都不是人生的最终目的，只是实现最终目的的手段和工具。幸福与它们不同，它不是工具，不是手段，是无法被别的任何东西所取代的，它是人生活的最终目的，是人生存的最高意义。

幸福是统领人生各类目的的最终尺度，是人生前行的灯塔，它引导着我们不断发展和完善。一般而论，幸福永远是下一个台阶，刚爬上去时会得到满足，但长时间停留在此，幸福感会随时间而消释，以至于形成这样一个规律：幸福来到之时就要离我们而去。正如卢梭所言："如果外界的事物一点都不改变，我们的心就会变；不是幸福离开我们，而是我们离开幸福。"① 也如布利克曼的适应理论所讲，幸福的追求是"享受的苦役"②，因为人们幸福的体验随着他们愿望的满足而增加，所谓水涨船高，但人们很快适应这个新水平，而这个新水平不再使他们快乐。正因如此，幸福成了人生永恒的追求。

（三）幸福是人的本质需求

人类追求幸福的可能性源于人类具有一种憧憬未来的意识，具有一种把目标转化为现实的能力，这也是人的自觉生活区别于动物本能活动的一个内在标志。正如恩格斯所指出的："人离开狭义的动

① ［法］卢梭. 爱弥儿（下卷）［M］. 北京：商务印书馆，2006：684－685.
② 郑雪，严标宾，邱林. 广州大学生幸福感研究［J］. 2001（4）：33－37.

物愈远，就愈是有意识地自己创造自己的历史，不能预见的作用、不能控制的力量对这一历史的影响就愈小，历史的结果和预定的目的就愈加符合。"① 在我们看来，"预定的目的"就是对幸福的追求。时至今日，好像还没有研究发现动物也在其头脑中存在着对"预定的目的"的追求，如赫拉克利特所指出的"牛吃到草料虽有快感但并不是幸福"② 一样。

有人会说，一个人不论享有何等幸福，无不以其生命为根基。但生命的存在、生命的延续、生命的终结无不以幸福为导向。中国有句古语"好死不如赖活着"，所以，保持生命的存在本身就是一种幸福。中国古代"不孝有三，无后为大"的思想，虽然有其封建愚昧性，但反映了人类延续生命的渴望。生命虽然宝贵，但在匈牙利爱国诗人裴多菲看来，却是可以为自由抛却的③。可见，对于幸福的追求，是人区别于动物的一个本质规定，以人的方式实现和印证自己，自然会产生一种成为真正的人的幸福感。人类通过幸福的追求，赋予了生命不同于动物的意义。

三、作为教育终极目的之幸福的基本含义

（一）传道、授业、解惑与幸福

自从人类诞生以来，就产生了教育。"教育即是学习，无论在什么地方、什么时间、什么年龄发生的学习"④ 都是教育，而非简单

---

① ［德］马克思，恩格斯. 马克思恩格斯全集（第3卷）［M］. 北京：人民出版社，1972：457.

② 周辅成. 西方伦理学名著选辑（上卷）［M］. 北京：商务印书馆，1964：13.

③ 裴多菲，匈牙利爱国诗人，1849年在瑟克什堡大血战中同沙俄军队作战时牺牲，年仅26岁。

④ ［美］菲利普·库姆斯. 世界教育危机［M］. 北京：人民教育出版社，2004：19.

的和正规学校"捆绑"起来的"教育"。早在原始社会，人们彼此之间或者向后代传授制作、使用工具以及如何结成氏族部落等活动，最直接目的是获取猎物和自我保护，间接目的是使被教育者掌握生活的能力；掌握生活能力的目的就是为了能够更好地生活、生活得更好。谁也不会否认，这里面蕴藏着人类最原始的幸福追求。

传道、授业、解惑的功用主要有两点：第一是传授知识和经验，以保留和巩固人业已形成的本质属性；第二是提出发展要求，以改进和完善人的本质属性。马克思指出："每一代都利用以前各代遗留下来的材料、资金和生产力；由于这个缘故，每一代一方面在完全改变了的条件下继续从事先辈的活动，另一方面又通过完全改变了的活动来改变旧的条件。"① 可见，完成历史的交替，下一代必须掌握"利用"和"改变"的能力。而这些能力的获得，唯有通过教育。从这个意义上讲，只有通过教育，才能不断提高下一代的生存和发展能力，使得人类生命和人类社会得以不断延续，人类的文化和文明成果得以保存和传承，从而获得更大的幸福。

（二）全面个性发展与幸福

马克思认为，要达到全面个性发展的目标，必须大力创造和发展有利于个人发展的各种条件：如占有生产力、丰富和发展社会关系、建立真实的集体、从事真正自由的劳动和发展教育等（我们把以上各种条件简称为"以上条件"）②。在研究全面个性发展与幸福的关系之前，还须对"以上条件"与幸福之间的关系进行探讨。

---

① ［德］马克思，恩格斯. 马克思恩格斯全集（第1卷）［M］. 北京：人民出版社，1972：51.

② 张凤莲. 马克思的个人发展理论及其当代价值［J］. 哲学研究，2006（5）：21 - 22.

首先，马克思认为，"以上条件"是全面个性发展的必要条件，人们欲得到全面个性发展，必须满足"以上条件"。其次，"以上条件"的终极目的又是什么？例如，占有生产力的终极目的是什么？毫无疑问，就是幸福。又如，"社会关系实际上决定着一个人能够发展到什么程度"①。那么，丰富和发展社会关系的终极目的又是什么呢？当然，还是幸福。第三，如何实现"以上条件"？马克思指出：只有发展教育，"教育不仅是提高社会生产的一种方法，而且是造就全面发展的人的唯一方法"。②

从以上分析中我们可以得出下图，即：促进人的全面个性发展的终极目标是幸福。

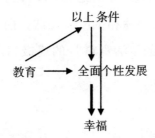

（三）"做人"与幸福

"做人"就是实现人的本质属性。马克思认为："人的本质不是单个人所固有的抽象物。在其现实性上，它是一切社会关系的总和。"③ 从个人角度，马克思认为："一当人们自己开始生产他们所必须的生活资料的时候，他们就开始把自己和动物区别开来。……

---

① ［德］马克思，恩格斯. 马克思恩格斯全集（第3卷）［M］. 北京：人民出版社，1960：18.

② ［德］马克思，恩格斯. 马克思恩格斯全集（第23卷）［M］. 北京：人民出版社，1972：530.

③ ［德］马克思，恩格斯. 马克思恩格斯全集（第1卷）［M］. 北京：人民出版社，1972：18.

因此，他们是什么样的，这同他们的生产是一致的——既和他们生产什么一致，又和他们怎样生产一致。"① 我们对马克思上述论点这样理解：人的本质具有多重规定性，但核心是其社会性和生产需要性。

人要成为人，必须满足其社会性和生产需要性。即人类之所以成为人类，必须要生活在"一切社会关系"之中，这种社会关系包括了与人类生存与发展相联系的一切历史的、现存的、自然的、社会的条件和关系。同样，人之所以为人，取决于他的需要的满足，因而"个人是什么样的，这取决于他们进行生产的物质条件。"②

论证到这里，这们自然得出这样的结论：教育的目的是"做人"，做人需要满足其社会性和生产需要性，而人类构建"一切社会关系"和"生产所必须的生活资料"的终极目的是什么？当然还是幸福。

四、结论及反思

（一）结论

1. 自人类诞生至今，不同的时代形成了不同的教育目的，它们在人类历史的长河中形成了教育目的序列。它们指向终极但都不是教育的终极目的，只有幸福才是教育的终极目的。

2. 幸福作为教育的终极目的，是与人类历史相伴而生的，它存在于人类的社会实践之中。有了人类，就有了教育，同时产生了幸

---

① ［德］马克思，恩格斯. 马克思恩格斯全集（第 1 卷）［M］. 北京：人民出版社，1972：24－25.

② ［德］马克思，恩格斯. 马克思恩格斯全集（第 1 卷）［M］. 北京：人民出版社，1972：25.

福追求。反之，如果没有人类，则没有教育，也就没有了幸福追求。

3. 幸福作为教育的终极目的，具有普遍性。它不是某一教育领域的专属，而是人类一切教育活动的目的。它可能没有在各教育目的中明确表述，但孕含在其它诸教育目的之中。

4. 幸福作为教育的终极目的，对其他教育目的具有指引方向的作用。其他教育目的越接近幸福，越有利于其他教育目的的实现，越有利于被教育者幸福的实现。

（二）反思：教育目标的异化

异化是指人与自身创造物的对立，这种对立造成"人在劳动中消耗的力量越多，他亲手创造出来的反对自身的、异己的对象世界的力量就越强大，他自身、他的内部世界就越贫乏，归他所有的东西就越少"①，从而人被自身的创造物所役使。

教育是人的创造物，幸福是教育的终极目的。但是现实中，许多教育活动偏离了其终极目的甚至其他目的。特别是近些年来，某些教育者实施教育活动的目的不是使人幸福，甚至不是"做人"和"传道、授业、解惑"，而是片面追求升学率、就业率甚至经济效益。人们接受教育，不是为了获得幸福，甚至不是为了学习知识、增强能力和提高素质，而是为了追求学位、金钱和地位。人类为了追求幸福生活而创造教育，反而成为了教育的奴隶！教育派生出了教育目的，反而成了教育目的的奴隶！这不能不成为教育家、教育学家乃至全社会关心、关注的问题。

---

① ［德］马克思. 1844 年经济学哲学手稿［M］. 北京：人民出版社，1990：52.

后记二：世界上最幸福的人

（一）

读完博士二年级后，我向导师提出，想做大学第二课堂方面的博士论文。原因之一是我曾任高校团委书记，有第二课堂的实践；原因之二是我刚刚完成了一个第二课堂方面的省部级课题，有第二课堂方面的研究成果。她没有直接否定我的意见，却"王顾左右而言他"地说："你可以选择心理学来研究，但传统的心理学多关注人的消极方面。现在美国新兴了一派积极心理学，关注人的主观幸福感，你可以看一看。"过了一段时间，她又对我说："你既然对第二课堂情有独钟，何不将之与主观幸福感结合起来，作为论文的研究方向呢？"于是，"幸福"作为一个学术概念第一次进入了我的视野。

过了一段时间，导师发现我学术上并无多大进益。她当然清楚积极心理学和主观幸福感是一个新兴的学术领域，国内资料较少，便劝我不要着急。某日，她发我一个信息：陈向明老师的博士生钟启旸同学，写了《有关"幸福感"的心理学理论初探》一文，入选了全国教育基本理论专业委员会第十一届学术年会。钟启旸同学是台湾人，此时已离开北大。于是，导师又为我要来钟启暘同学的邮箱。通过交流，启暘同学不仅给了我两大本会议资料，还把自己的论文发给了我。我仅仅翻阅了一下目录，立即便有了"海阔天空""豁然开朗"的感觉。

读完博士三年级后，我把博士论文的文献做了，调查也做了，数据也分析了，论文提纲也列出来了，便向导师提出要争取如期毕业（我的学制是四年）的想法。但导师未置可否。她两次要求我放下手头的工作，到北大住上几个月。当时，我正在全力以赴地建设一个新校区，由于人手不足，从写项目到跑项目到实施项目、从基本建设到设备采购到招聘员工都要亲自去做，把自己分成两个人都不够用，哪有时间住到北大？记得那年6月，父亲突然拉住我，看我的头。我照了照镜子，猛然发现，好像是一夜之间，我的头发已白了三分之一，而且从额头到头旋已掉得稀里哗啦。更为令人惊悚的是：我的后脑勺竟然有两块两三厘米见方的头发已经掉光，露出白花花的头皮，这就是传说中的"鬼剃头"吧。害得我只能把多年的"分头"剃成了"板寸"，才算勉强"遮掩"过去。导师知道我的苦衷，便不再逼我，对我说："延期半年吧。"

半年之后，我主动向导师提出再延半年的申请。当我把论文第五稿拿到导师面前时，我忧心忡忡。因为我已江郎才尽，虽然使出"洪荒之力"，但论文还不成熟。我特别希望导师能同意我参加预答辩，好早日完成这个难熬的"苦旅"。导师看完后，淡淡地说："好的博士论文一般要改十遍。"她说的十遍，并非是改十遍错别字，而是要过"十关"的考验。当我改到第八稿时，她对我说："马上正式答辩了，你若有时间，便来北大住上半月，我们全力攻关。"由于工作关系，我又辜负了导师的美意。但是，我并没有懈怠，工作之余，夜以继日，一边与导师当面、电话、E－mail 沟通，一边请妻子、同事帮助我查资料、校对、排版……答辩前夜，导师还给我打了近40分钟的电话，中心问题是对论文中的一个表格提出质疑。在查明原因后，我熬了一个通宵，才把文章改好。

答辩结束后，导师和我一起分析评委们提出的问题，要求我把大家的意见吸纳进去。随后，她把论文还给了我，对我说："我的意见已经标出，回去还要多看几遍。"同时叮嘱我说，"博士论文是要给后人检验的，一定要严谨、规范。"我打开论文，导师熟悉的字体映入了我的眼帘。我数了数，共30多处意见和建议。我不敢怠慢，又花了一个多星期的时间进行印证、修改，才敢把论文交到北大图书馆。

教育学院的毕业典礼上，我代表在职博士生发言。典礼结束后，导师与我合影。后来整理资料时发现，这竟然是我们师生唯一的一张合影！那天晚上，我们摆了谢师宴，毕业生要请各自的导师参加。我知道她近期身体不是太好，已逐渐减少了各类活动；况且吃饭是一个很消耗精力体力的活儿，便支支吾吾没有明提。没想到，她已爽快地答应学院参加这个活动了。我表达了歉意和谢意，她却说："有你这么好的学生，这个活动我是一定要参加的。"我知道，作为她的学生，我在毕业典礼上发言，她感到光荣！

（二）

毕业后，导师与我探讨过一次"幸福"。这次谈得非常深，不仅涉及学术，还涉及人生。她的身体状况不是太好，但还是与我谈了许久。当时交流的具体内容已记不清了，只记得她要为北大平民学校上一堂课，主题便是"幸福"。北大平民学校的学员是以北大为主的教育系统内部非事业编制的职工。凭她的学识，完全可以做到信手拈来、任性挥洒。但是她一贯地认真、一贯地严谨，没有一丝怠慢。当时，我们还谈到了她的病情，她仍是一贯地自信和乐观。以至于我相信：只要有足够的精神力量，便可以战胜一切敌人，更何况是病魔！

……

后来，我班主办了第一届北京大学 ED. d 论坛。论坛结束后，才琦、晓斌两位同门和我到家里去看望导师。她病情稍缓，出奇地瘦，语声很轻，但是充满希望和力量。她知道我们成功举办了这个活动，向我们表示了祝贺，但我也能看出她眼神和语气中的遗憾。使我感动的是，虽卧病经年、身体虚弱，但她对中国高等教育、对北大、对教育学院，乃至对我的近况都比较了解，一如往日，好像从未离开。我清楚地记得，她送到门口，对我们说："再过几个月，我就要上班了。"我回头看了一眼，那个房间是如此和谐：慈祥的老母亲、细心的爱人，好像还有两位正在读书的少年……午后的阳光透过窗棂，把整个屋子都照成了金色，导师便站在那金色之中！

……

2015 年 8 月 31 日，导师离开了我们。当时信息特别多，我已记不清是谁第一个把消息告诉我的，只觉得这些信息像一群嗡嗡叫的苍蝇，绕得我头晕、恶心。那天晚上，我把自己关在一处，孤独地坐着，不知所以。我关了手机，希望自己纵情地哭、放肆地哭，但却不知如何纵情、如何放肆！大约过了几个小时，我终于稳定了情绪，填了一首词。

江城子·悼恩师李文利教授

那日北大沐高风，献国策，意从容。呕血求证，教育需治穷。

精雕煌煌百万字，为寒门，求公平！

盛德妙义乾坤通，上帝召，治天宫。可是人间，万物真如空？犹怜门中愚弟子，心有惑，向谁倾？

我把这首词发到朋友圈里，当时是 9 月 1 日凌晨 0：56。在朋友圈里，我已能读到十几篇纪念导师的文章。当日凌晨 4：42，导师的爱人回复我：谢谢你的文章，我相信她肯定会开心的。这一夜，不知有多少人不能入睡！

（三）

时间又过去了两年。导师披阅过的那本博士论文，我时常拿出来翻阅。偶尔也会在中国知网上输入导师的名字，看那一长串学术文章，回顾一下她的学术成就。说句心里话，作为学生，我并不称职，导师的文章并没有全读，且多是浅尝辄止。反而是近些年读得更多，每一次读起她的文章，对她的学术的理解便更深了一层，对她的道德人品的景仰也更深了一层。

关于导师的学术成就，北大校友张宸珲在《怀念我的老师李文利》一文中有一段评价：

李文利老师是一名杰出的学者，在精英荟萃的北大教育学院，38 岁就已经成为教授。李老师在教育收益率、学生非认知能力发展、高等院校办学效率等方面，都是国内学者中的佼佼者，仅仅在国内顶级核心期刊上，就能够看到她的 69 篇学术文章，至于在国家课题和国际学术组织课题研究方面，李老师更是为国家和学校承担了大量的研究工作，几乎每一次国内重大的教育政策出台，都与她的研究团队工作有关。

　　导师的本科，是在北大心理系完成的；硕士和博士，是在北大教育学院完成的。导师的全部职业生涯，献给了北大、献给了教育。她取得了如此辉煌的学术成就，与她对教育无条件的信仰是分不开的。在一封邮件中，她表达了教育"至高无上"的观点：

　　（1）科学哲学认为，各种科学是有层次安排的，在研究人类行为的科学中，可以一直还原下去，一直到用物理学的概念、术语和规律，对人类的行为给与解释。第一层是物理学，然后是化学、生物化学，再之后是生理学，之后是心理学，最高层是社会科学。（2）我把教育学列在社会科学的最高层。这是因为教育学不仅要研究是什么、为什么，应该是什么，最终还要通过教育这样一种最高级的实践形式达到改变和规范人类行为以促进人类社会健康发展的目标（做什么和怎么做）。因此，教育学是社会科学中最高级的运动形式，也是最难的社会科学探索领域。（3）教育学是科学，因为探究教育要使用科学的研究方法。（4）教育学超越了科学，因为教育学的最终目的是指导人们的实践活动。

　　在那封邮件里，导师继续写道：

　　教育学难道只能用其他学科来规范吗？我的答案是否定的。我的领悟是教育超越了一切的自然科学和社会科学学科，同时也超越了形而上的哲学。只有教育才是引领人类社会进步的终极法则。那么教育到底是什么？教育就是言传身教、育己育人、身体力行、知行合一的实践活动。教育学是什么？教育学就是阐述引领人类社会进步、为人类社会创造物质文明和精神文明的教和学的实践性学科。

　　结尾时，导师一如既往地乐观：

呵呵，我很庆幸自己是在教育学院，因为教育学是世间最高深的学问。

（四）

导师之所以把我引入幸福的殿堂，是因为她认为幸福是"人类发展的根本取向，是教育的最终目标"。她认为：

我想教育的最终目标是为了人类的福祉（精神文明程度的提高、幸福生活、基本的物质生活条件都是其中的指标）。幸福很难进行测度，很大程度上是个体的感受。有的人知足，有的人无度，因此不同的人对于同样的生活状态的感受是不同的。

……

我觉得如果教育基本理论（教育学原理）专业能从教育与人类福祉的角度入手做一些扎实的研究工作，应该能焕发出勃勃生机。人类的福祉是人类发展的根本取向。重要的是如何界定人类的福祉。我想幸福感、精神状态、基本物质生活等都可以作为分项指标。这方面的研究应该是很有意思的。（摘自导师写给陈向明老师和钟启暘同学的信）

导师坚定地认为：教育能改变人生轨迹，教育也能改变国家面貌。于是，她把教育推向"学科之王"的终极地位，穷一生之力研究，就是希望通过教育改变最多人的命运，最大程度地改变国家面貌，从而实现教育引领人类社会进步的远大目标。后来，她关注到了幸福这个概念，并把幸福引入她的学术思想之中，从而完成了教育引领人类社会进步、实现人类幸福这个宏大的逻辑框架；同时，她也下意识地发现了社会进步与幸福之间的内在联系，虽然还未来得及证明，但有了这个发现，我们无疑距离揭开幸福神秘的面纱又进了一步。

（五）

同样活在世界，一万个人有一万个活法：有人为自由而来，有人为爱情而来；有人为财富而来，有人为地位而来；有人追求壮烈，有人追求平淡；有人活着为了他人，有人活着为了自己；有人珍惜只有一次的生命，有人深信灵魂可以轮回……但在现实中，人们有时愉悦，有时痛苦；有时振奋，有时沮丧；有时感恩，有时厌世；有时像天使，有时像恶魔；有的人活着，他已经死了，有的人死了，他却还活着……

大千世界，嘈嘈杂杂；芸芸众生，熙熙攘攘。如果能在所有人的人生目的中寻找出一个最大公约数的话，那肯定是幸福。

那么，谁是世界上最幸福的人？

古希腊智者梭伦的答案是：雅典的特拉斯。原因是：特拉斯诚实，生逢盛世，有几个好名声的儿子，一生没有遭到困乏，并且热爱祖国，为保卫国家献出了生命，表现了光荣和勇敢。

我同意梭伦的观点。我认为，凡是能信奉一种幸福观并身体力行者，便是幸福之人。如果这种幸福观是大道，那么此人便是世界上最幸福的人。

导师的一生，信奉的便是大道。她情通古今、心怀天下、呕心沥血、孜孜以求，以改变苍生命运为追求。她大处着眼、小处着手、品格高洁、佳名远播，培养了社会栋梁……在全部的生命中，她始终牵挂着学生、牵挂着北大、牵挂着教育事业。只这些，便已超出梭伦提出的全部条件，便是世界上最幸福的人。

云山苍苍，江水泱泱，先生之风，山高水长！

是为记。